超大断面分岔隧道安全爆破开挖技术

吴晓东　龚 敏　吴昊骏　杨国穿　著

北 京
冶 金 工 业 出 版 社
2024

内 容 提 要

本书共分 6 章，主要内容包括：超大断面分岔隧道安全爆破开挖技术概论；分岔隧道形成超大断面区段的开挖方法；超大断面电子雷管精准爆破技术及参数确定方法；分岔隧道小净距区段开挖方法研究；小净距区段后行洞首爆开挖区安全爆破技术研究及应用；小净距区段缓震层安全爆破技术研究及应用。

本书可供隧道工程、爆破工程等领域的科研和工程技术人员阅读，也可供高等院校相关专业的师生参考。

图书在版编目(CIP)数据

超大断面分岔隧道安全爆破开挖技术／吴晓东等著．—北京：冶金工业出版社，2024．1

ISBN 978-7-5024-9753-8

Ⅰ．①超…　Ⅱ．①吴…　Ⅲ．①大断面—隧洞分岔段—隧道施工—爆破施工—爆破安全—研究　Ⅳ．①U453．4

中国国家版本馆 CIP 数据核字(2024)第 024326 号

超大断面分岔隧道安全爆破开挖技术

出版发行　冶金工业出版社　　**电　话**　(010)64027926
地　址　北京市东城区嵩祝院北巷 39 号　　**邮　编**　100009
网　址　www.mip1953.com　　**电子信箱**　service@mip1953.com

责任编辑　郭冬艳　美术编辑　吕欣童　版式设计　郑小利
责任校对　石　静　责任印制　窦　唯
北京建宏印刷有限公司印刷
2024 年 1 月第 1 版，2024 年 1 月第 1 次印刷
710mm×1000mm　1/16；8.5 印张；166 千字；127 页
定价 66.00 元

投稿电话　(010)64027932　投稿信箱　tougao@cnmip.com.cn
营销中心电话　(010)64044283
冶金工业出版社天猫旗舰店　yjgycbs.tmall.com
（本书如有印装质量问题，本社营销中心负责退换）

前　言

超大断面分岔隧道是公路隧道地下结构宽大化的建设趋势，作为连接大断面隧道和小净距隧道的重要区段，其多变的隧道结构和繁杂的开挖工序给钻爆法安全施工带来了挑战。为防止超大断面、小净距隧道爆破开挖引发安全事故，系统研究分岔隧道开挖方法和控制爆破技术，具有重要的理论意义和应用价值。

本书以 2018 年我国三大标志性隧道工程之一的深圳莲塘隧道分岔部 428.5 m^2 超大断面和 0.5 m 超小净距区段为背景，围绕形成超大断面的安全开挖方法、小净距隧道后行洞开挖时空分区、分岔区段不同类型断面精准控制爆破技术，采用数值模拟、现场监测、理论分析、现场试验等方法，对超大断面分岔隧道安全控制爆破技术展开较为系统的研究。

在分岔隧道超大断面区段形成方法的研究中，针对超大断面隧道区段跨度和高度较大带来的爆破安全问题，提出了一种小断面提前爬坡形成超大断面的变截面开挖方法，该方法包括从小断面隧道提前爬坡、横向扩挖、反向掘支等阶段，采用 MIDAS GTS 程序分析不同开挖方案的围岩受力与变形特性，以及现场位移和支护结构压力监测，验证了该方法的正确性。

在现场大断面隧道爆破中采用电子雷管起爆技术，并形成了电子雷管爆破参数设计方法。该方法基于 Anderson 理论延时爆破振动合成理论，采用现场单孔爆破实验实测波形作为计算振源，设计不同药量和延时时差编入程序，计算得出多种孔间延时振动合成曲线，选取安全振速下最大药量的孔间延时作为优化参数。将此方法应用于莲塘隧道大断面爆破，确保了超大断面施工安全。

针对小净距隧道区段后行洞爆破导致中夹岩片帮、垮塌等安全问题，构建了小净距隧道爆破开挖时空分区方法和分区微振爆破组合技术。基于等代圆法和 Schwarz 交替法分析了围岩受力特性，计算得到莲塘隧道缓震层最优厚度为 3 m，形成了后行洞预留缓震层的四部开挖断面分区，制定了小净距后行洞不同分区的开挖爆破振动控制指标，建立了不同分区安全爆破开挖技术。通过后行洞不同分区的爆破技术进行针对性的研究，得到了如下结论：

（1）破解了后行洞首爆开挖区（Ⅰ区）开挖兼顾控制振动和成本的安全爆破技术难题。首爆区爆破开挖采用了电子雷管与导爆管雷管孔内外延时混合起爆技术，消除了混合起爆网路串段、拒爆和断路的安全隐患，构建了孔内外延时混合起爆网路时间序列计算模型，推导出基于安全起爆的关键参数计算公式。工程实践表明，混合起爆网路相比电子雷管网路可节约 60.3%的电子雷管数量，振动控制效果显著，减少了后行洞首爆区爆破开挖对中夹岩柱的损伤。

（2）对于与中夹岩柱直接相连的后行洞Ⅱ区（缓震层）高要求减振降损的安全爆破技术问题，利用 LS-DYNA 程序分析了缓震层爆破荷载作用于中夹岩柱的损伤机理；根据中夹岩柱厚度渐变特点，提出了微震控制爆破组合技术。莲塘隧道试验数据显示，先行洞迎爆侧振动峰值较常规爆破降低了 73.8%，爆后 0.5 m 中夹岩柱完整性良好，验证了该方法的安全性。

本书提出的超大断面分岔隧道安全开挖方法和爆破技术，在实践中解决了莲塘隧道工程的安全隐患和技术难题，保障了大断面区段围岩稳定性和小净距区段中夹岩柱的完整性，为 400 m^2 以上超大断面分岔隧道实现高效、安全爆破开挖提供了理论支撑与实践指导。

本书在编写过程中，得到了北京科技大学纪洪广教授和王德胜教授、中国矿业大学（北京）杨立云教授和中国铁道科学研究院集团有限公司杨年华研究员的指导和帮助，重庆中环建设有限公司提供了现场试验、工程资料和实测数据支持，在此一并表示衷心感谢。

由于作者水平有限，书中不当之处，敬请广大读者批评指正。

著　者

2023 年 7 月

于北京科技大学

目　录

1 概 论

1.1 超大断面分岔隧道安全爆破技术研究的意义

随着国内各地对基础建设投入的加强，隧道建设迎来新的大发展阶段。截至2020年年底，公路隧道累计运营里程达到21999.3 km。近年来因交通需求量的不断增加，高标准公路和城市交通车道数量逐步增加，地下场站建设向着立交化、复杂化和宽大化的方向发展，伴有四车道及以上隧道与小净距隧道构成的超大断面分岔隧道成为公路隧道建设新的潮流。对于大断面隧道的判断标准，常以国际隧道协会（International Tunnelling Association，ITA）分类标准为主，该标准将净空断面面积大于100 m^2的隧道定义为特大断面隧道。本书将四车道及以上隧道定义为超大断面隧道。

尽管我国在铁路、公路隧道方面的研究取得了长足的进步，但在小净距，特别是大断面隧道爆破技术仍有欠缺仍有技术难题待解决。突出表现如下所述：

（1）缺乏针对超大断面和小净距爆破特点的研究。由于大断面隧道面积与跨度大、扁平率低，在围岩、结构受力与施工力学特点等方面与一般隧道不同，多步序爆破对隧道围岩造成多次扰动，增加了隧道爆破致灾的风险，爆破作业常诱发围岩受损、支护结构开裂等安全问题，如图1-1所示。目前，四车道及以上隧道尚未形成统一的设计施工标准，常常借鉴同类型的三车道，而四车道相比三车道在断面开挖面积、爆破分区、支护结构等有着明显差异，因此，对于超大断面隧道的开挖方法和爆破技术研究不能简单地采用三车道隧道相关理论和方法，应针对性地进行深入研究；小净距隧道重点需要进行爆源近区岩柱的振动控制（普通隧道主要控制爆破中远区的地面建筑安全）。现在往往用普通隧道爆破的方法进行大断面与小净距隧道爆破设计施工，这就从源头上增加了施工的安全风险。

（2）在大断面与小净距隧道爆破技术方面，爆破设计上主要依据萨道夫斯基公式计算参数。但公式反算药量时没考虑炮孔微差时间影响，以及叠加振速与药量、微差间隔相互作用的量化演变关系，其计算结果与实际情况相差较大；在爆破施工方面仍主要依靠现场人员经验，而在隧道断面纪录不断被刷新的当今，施工经验非常欠缺突显，以往普通隧道施工技术并不能适用于这种需要精细控制的隧道爆破需要。

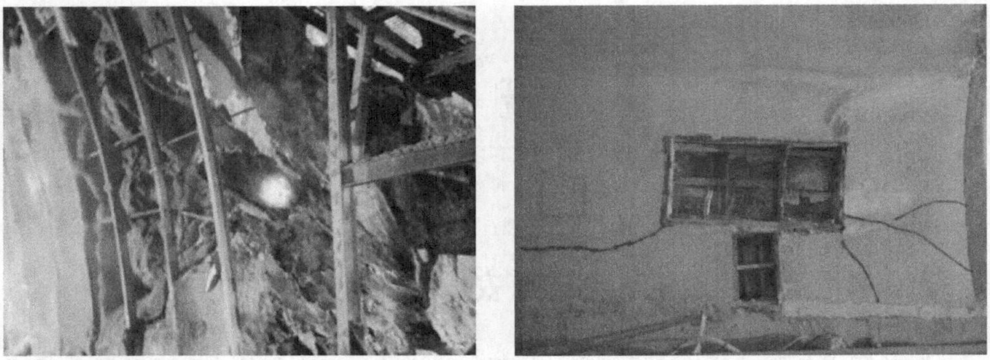

a　　b

图 1-1　超大断面分岔隧道爆破施工存在的安全问题

a—围岩受损严重；b—隧道衬砌结构开裂

本书以深圳莲塘隧道为工程背景，莲塘隧道地处深圳与香港交界处，是实现深圳-香港过境交通规划目标中三大过境疏港通道之一，对于促进粤港澳大湾区经济建设具有重要战略意义。莲塘隧道分岔部由 428.5 m^2大断面区段和 0.5 m 的小净距区段构成，为典型的超大断面分岔隧道工程。大断面区段是当前钻爆法施工的世界最大断面公路隧道；对于小净距区段，除南京地铁隧道二号线最小净距 0.309 m 外，现有文献尚未有净距小于 0.5 m 的同类工程记录。因深圳莲塘隧道分岔部断面复杂程度和开挖规模在国内外均为少见，与港珠澳大桥海底隧道、川藏新二郎山隧道被《隧道建设》（中英文）期刊并称为 2018 年中国三个标志性隧道工程。

针对莲塘隧道分岔部的新形式、新特点，针对性开展安全爆破开挖技术研究，其研究意义如下所述：

（1）形成一套系统的超大断面分岔隧道洞室群安全施工与爆破方法。超大断面分岔隧道是由大断面隧道和小净距隧道构成的“隧道群”，不同断面洞室之间围岩相互依存、施工过程相互关联，但以前大多按照单一隧洞无限岩体条件进行研究，本书将总体考虑同一系统下，不同断面洞室之间的相互影响和协同作用，这对探索超大断面分岔隧道安全爆破技术具有重要意义。

（2）推动超大断面分岔隧道围岩损伤控制理论与技术的发展。在开挖过程中，爆破荷载诱发围岩损伤将削弱原岩自身承载能力，影响工程安全服役时间。现有爆破设计主要依据经验公式和定性分析，关键理论难题需要突破。通过研究超大断面分岔隧道安全控制爆破技术，为类似工程提供精准控制爆破思路与安全施工指导。

（3）解决深圳莲塘隧道分岔部重点区段的安全施工难题。深圳莲塘隧道分岔部结构复杂，爆破开挖安全要求高，如爆破施工对最小宽度仅 0.5 m 的中夹岩安全性、最大断面428.5 m^2区段围岩稳定性等用常规爆破技术难以解决；开展超大断面分岔隧道开挖方法、安全爆破技术等方面的研究将具有理论意义和应用价值。

1.2　我国超大断面分岔隧道建设情况

随着隧道及地下交通工程需求量日益增加，公路交通迅速发展，新建、扩建的四车道及以上超大断面公路隧道建设成为趋势，现有工程特征和用途将四车道及以上超大断面公路隧道分为3大类：常规新建四车道公路隧道、原位扩建四车道公路隧道和分岔四车道及以上公路隧道；分岔隧道指2条线路交汇或分离处的隧道工程，多出现在桥隧连接处和地下互通立交中，常与连拱隧道一起作为过渡段，具有断面更大和里程更短2个非常显著的特征，由超大断面隧道和小净距隧道组成。

一些发达国家较早开始大断面隧道的建设。典型的公路隧道工程如：1989年，日本东名改建公路隧道初期建设的三车道隧道断面面积为113～170 m^2，比一般双车道的隧道断面面积大1.5～2.0倍；英法海峡隧道分岔处断面的开挖宽度、高度分别为21.2 m、15.4 m，开挖断面达到252 m^2；1995年修建的恩格贝格山岭公路隧道开挖面积达265 m^2；韩国在高速公路扩建工程采用了四车道大跨度隧道，其中，1992年开始建设的清溪隧道，开挖面积为186.42 m^2，隧道内衬砌轮廓采用三心圆扁平拱式断面，净宽为17.94 m，拱高为9.785 m。

我国从20世纪60年代开始在铁路隧道工程中修建面积100 m^2以上的大断面隧道。从20世纪80年代开始建设100 m^2 以上的超大断面公路隧道，通常为三车道隧道发展到21世纪初，断面规模更大的四车道隧道的建设拉开序幕。其代表性工程为2001年建设的贵州凯里大阁山隧道，断面开挖尺寸为21.04 m×11.5 m；2002年，中国第一条四车道公路隧道——沈大高速大连韩家岭隧道开始投入建设，断面开挖尺寸为21.24 m×15.5 m。从此，我国超大断面公路隧道进入发展的“快车道”，2004年新建了双向八车道公路隧道——广州龙头山隧道，2005年新建了下穿既有隧道的地下立交超大断面公路隧道——厦门万石山隧道，2006年新建了海底超大断面公路隧道——青岛胶州湾海底隧道。

自2001年我国首条四车道以上超大断面公路隧道开始建设以来，针对超大断面四车道公路隧道的建设和研究更加系统，适用于更加复杂多变的施工环境和条件，建成和在建的四车道及以上超大断面分岔隧道数量逐年增加，其中有如下代表性工程如下：

2007年，沪蓉西高速湖北宜昌市与恩施州交界处八字岭隧道、庙垭隧道和漆树槽隧道顺利完工，三者均为四车道分岔隧道，是我国最早的四车道分岔隧道案例。

2009 年，青岛胶州湾隧道贯通，其分岔部最大开挖断面面积 405.1 m^2，开挖跨度、高度分别达到 27.8 m、18.615 m。

2011 年，第一条穿越湘江的长沙营盘路湘江隧道完工，其中西岸北线分岔部为大跨合流段，最大断面开挖面积达 363.43 m^2，最大开外跨度和高度分别为 25 m、17.55 m。

2020 年，位于云南高原与横断山脉交接地区的虎跳峡隧道，是当时断面最大的山区地下立交隧道，该工程的超大断面隧道中间外凸处最大开挖跨度达 28.96 m，开挖面积达 358.7 m^2。

2021 年，厦门在建的海沧疏港通道工程的 2 号芦澳路分岔隧道最大开挖跨度达 30.46 m，开挖高度为 18.71 m，最大开挖面积达 450.41 m^2，为目前国内在建的最大断面公路隧道。

通过对我国 2007~2021 年超大断面分岔隧道的分析总结可以发现：四车道及以上超大断面分岔隧道数量将持续增长，断面面积不断增大，然而 400 m^2 以上的超大断面分岔隧道可借鉴案例较少，依然有很大的研究和设计空间，随着超大断面分岔隧道开挖方法的发展，以及对地下空间利用的优化，未来将会出现更多的开挖面积 400 m^2 以上超大断面分岔隧道（见表 1-1）。

表 1-1 我国 2007~2021 年典型超大断面（四车道及以上）
分岔隧道（不完全统计）

工 程	时间	跨度/m	高度/m	开挖面积/m^2	工程特点
海沧疏港通道工程	2021 年	30.52	16.73	450.41	疏港通道
深圳莲塘隧道	2018 年	30.01	18.5	428.25	山区隧道
虎跳峡隧道	2020 年	28.96	15.42	358.7	山区隧道
营盘路湘江隧道	2011 年	25	17.55	363.43	湖底隧道
青岛胶州湾隧道	2009 年	27.8	18.615	405.1	海底隧道
山西拍盘隧道	2008 年	25.77	18.75	346.6	特长隧道
深圳横龙山隧道	2007 年	29.17	13.1	304.1	山区隧道

1.3 超大断面分岔隧道爆破开挖方法研究现状

超大断面分岔隧道由大断面施工段、小净距隧道施工段和变截面过渡施工段三个部分组成，至少涉及三个不同断面的隧道开挖，施工过程中既要考虑大断面围岩和小净距区段中夹岩的稳定性，同时也要保障隧道群工法过渡合理和施工安全。下面对三个不同区段开挖方法的研究现状进行阐述。

1.3.1 超大断面隧道开挖方法

四车道及以上的超大断面公路隧道最显著的特征是断面跨度大，在过去并不多见，近年来随着交通需求的增大而得到快速发展。为了保证施工的安全，施工时均选用分部开挖法，多的超过 11 部，常规开挖方法包括双侧壁导坑法、中隔壁法（CD 法）、交叉中隔壁法（CRD 法）、台阶法和全断面法，其特点如表 1-2 所示。

表 1-2 超大断面隧道施工方法的技术指标对比

指　标	全断面法	台阶法	CD 法	CRD 法	双侧壁导坑法
安全性	不安全	不安全	较安全	安全	安全
施工技术难度	低	较低	较高	高	高
工序复杂程度	低	较低	较复杂	复杂	复杂
造价	低	较低	较高	高	高
掌子面稳定性	差	较差	较好	好	好
地表沉降	大	较大	较小	小	小
洞周收敛	差	较差	较好	好	好
适用范围	地质好，机械化作业	地质好，技术熟练	地质差，安全要求高	地质差，安全要求高	跨度大，地质差，安全要求高

多数超大断面隧道工程根据地质条件、安全要求、隧道结构等进行开挖方法的研究，并制定对应的开挖方案。

周丁恒等介绍了超大断面隧道不同围岩段的施工工序，Ⅳ和Ⅴ级围岩采用双侧壁导坑法；Ⅱ和Ⅲ级围岩采用上半断面中心导坑超前两侧跟进开挖法，下半断面采用左右台阶法开挖，采用监控量测评估开挖方法合理性，结果表明施工工序对隧道变形影响较大。

吴梦军等以模型试验和数值模拟为手段，分析了四车道公路隧道在不同施工方法下开挖动态过程的力学特征，结果表明Ⅲ级围岩建议采用双侧壁导坑法。

杨志强等以贵阳南垭路 3 号隧道为工程背景，利用强度折减法对Ⅳ和Ⅴ级围岩稳定性进行定量评价，结合不同工法的施工模拟和工期推演，最终确定Ⅳ级围岩采用三台阶五步法，Ⅴ级围岩采用双侧壁导坑法。

曾宏飞以牛寨山南线隧道出口段为工程背景，利用三维有限差分数值模拟，分析围岩位移、应力场和塑性区分析，对四车道隧道施工方法进行分析和评价。

刘聪等以京沪高速南连接线港沟隧道为背景，采用利用超大断面隧道施工力学模型试验，分析了施工过程的隧道围岩力学演化规律，以此作为施工方法可行性的评价方法。

李勇和丁浩以山西拍盘隧道为工程背景，将超大断面隧道施工工法与小净距隧道断面相结合，以小断面隧道轮廓为基础划分超大断面隧道施工断面，其工法示意图如图 1-2a 所示。

张俊儒等以京沪高速南连接线浆水泉隧道为工程背景，提出钢架岩墙组合支撑分部施工工法（图 1-2b），5 个掌子面同时施工提高效率，利用数值计算和模型试验，对方案可行性进行分析。

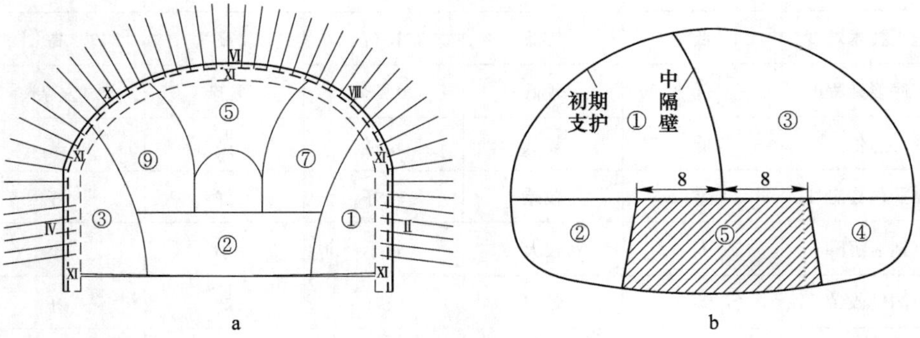

图 1-2　超大断面隧道特殊施工工法示意图
（图中序号为施工断面顺序）
a—超大断面特殊施工工法；b—钢架岩墙组合支撑分部施工工法

1.3.2　小净距隧道开挖方法

小净距隧道双洞距较小，先行洞和后行洞施工相互影响，不能以单洞进行考虑，研究表明后行洞开挖对先行洞的影响更大，小净距隧道施工关键技术在于设计合理的净距、支护参数、施工方法、中夹岩加固技术等。

先行洞开挖方法与普通隧道类似，后行洞开挖方法的选择则更偏重地质条件和周边环境。地质条件好，常采用全断面或台阶法；地质条件差，则选用多分部的中隔壁法（center diaphragm，CD）、交叉中隔壁法（cross diaphragm，CRD）或环形开挖预留核心土法。针对小净距隧道中夹岩柱厚度较小的工况，需要在常规开挖方法的基础上进行优化，如：刘传阳等以中夹岩柱 2.7 m 厚的分岔隧道为工程背景，提出隧道分岔段采用预留光爆层分部开挖法，以确保中隔岩墙的安全。丁睿在小净距隧道关键技术研究中总结了不同围岩等级条件下，小净距隧道建议开挖方法如表 1-3 所示。

表 1-3　小净距隧道双洞建议开挖方法

围岩等级	开挖顺序图例（以左侧洞为先行洞）		
	A	B	C
Ⅰ、Ⅱ	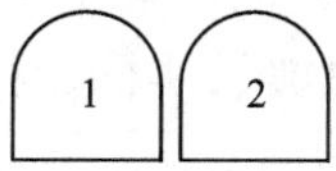	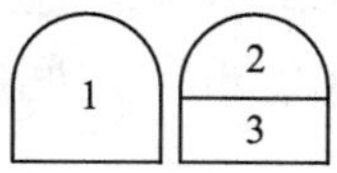	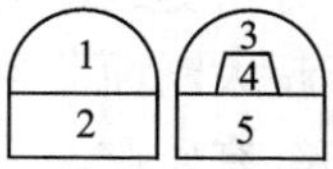
	全断面法	全断面法与台阶法	台阶法与环形开挖法
Ⅲ	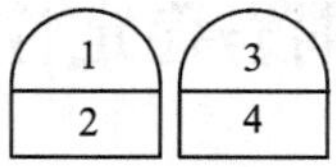	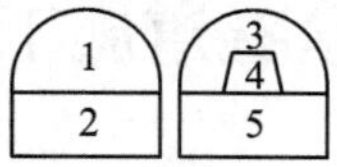	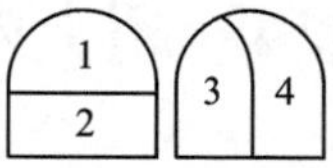
	台阶法	台阶法与环形开挖法	台阶法与 CD 法
Ⅳ	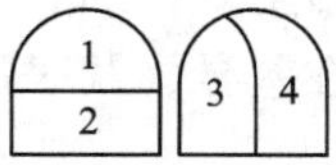	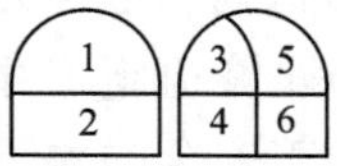	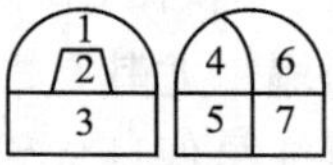
	台阶法与 CD 法	台阶法与 CRD 法	环形开挖法与 CRD 法
Ⅴ	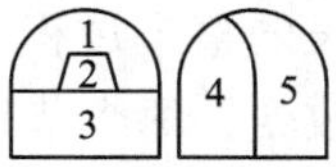	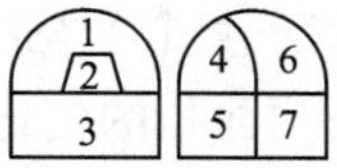	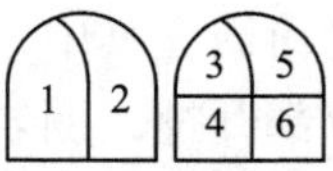
	环形开挖法与 CD 法	环形开挖法与 CRD 法	CD 法与 CRD 法
Ⅵ	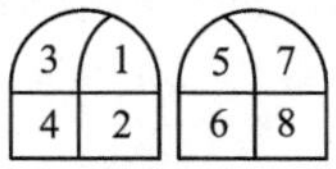	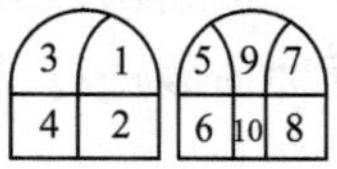	
	CRD 法与 CRD 法	CRD 法与双侧壁导坑法	

1.3.3　分岔隧道形成大断面变截面开挖方法

分岔隧道因其特有的结构特点，形成大断面时存在变截面施工工况，其中，包括从小净距区段小断面向大断面施工和大断面向小净距区段小断面施工两种情况，后者开挖顺序简单，然而，前者需完成拱顶高差、面积差异的过渡，开挖难度大。

目前，针对分岔隧道小断面往大断面变截面开挖方法的研究较少，可借鉴案例有限。常采用反向挑顶的施工方案，如：胡云鹏和闫立海分别以杭州紫之隧道为工程背景，提出大跨度小净距隧道双向施工技术，以小断面隧道施工辅助导洞，在大断面隧道内部爬坡至顶部，完成由小到大断面的工序转换；张富鹏等以阳安二线直通线包湾村隧道为工程背景，提出反向扩挖法和中隔墙法，同样采用斜井进入大断面隧道，通过反向挑顶，完成工序衔接，通过数值模拟分析受力得出反向扩挖法适用于分岔隧道。

综上所述，超大断面隧道工程在过去并不多见，400 m^2 以上的公路隧道工程更是少之又少，能参照的施工方法有限。小净距隧道的施工工法较为常规，对于双洞距离小于 1 m 的小净距公路隧道工程案例较少，多数分岔隧道在过渡段设计为连拱隧道，使中夹岩柱厚度达到一定程度后，保留中夹岩柱形成小净距隧道。针对分岔隧道超大断面隧道和小净距隧道单独的研究已经取得了一些科研成果，对于超大断面分岔隧道“洞室群”之间施工方法过渡、协同、衔接等系统性分析却鲜有研究。

1.4 超大断面分岔隧道施工力学及围岩稳定性研究现状

超大断面分岔隧道由于洞室断面多、开挖跨度大，施工期间各道工序的相互影响、围岩的多次扰动。动态施工过程力学行为极为复杂，围岩极易发生失稳乃至坍塌，尤其是非对称小净距隧道施工存在力学特性差异，及时反馈支护体系受力特征是保证大跨度隧道施工安全的关键。

超大断面分岔隧道施工过程中，围岩所受荷载主要包括地层压力荷载和爆炸动力荷载。其中，地层压力荷载贯穿隧道施工和服役的整个过程，尤其是超大断面分部开挖，围岩应力随断面面积的变化发生动态改变，每个步序对围岩影响都不同。当施工完成，服役期间依然会存在围岩应力的变化过程。爆破荷载则具有特殊性，短时间内对围岩和支护结构造成损伤破坏，进而影响围岩稳定性。以下将针对超大断面分岔隧道两种荷载进行具体描述。

1.4.1 地层压力荷载

超大断面分岔隧道结构受力复杂，工序转换繁多，不少学者对地层压力的静力荷载作用下分岔隧道的施工力学特性展开了研究。

朱合华等以龙头山隧道和岚峰隧道为工程背景，提出大断面公路隧道的过程设计方法，以荷载-结构法为基础，利用极限拉应变值来确定围岩松动圈范围，结果表明方法可靠实用。

王松周等人认为大跨段直接开挖施工风险大，应采用分部错位开挖，此时跨度和荷载减小，可从根本上改变围岩受力，确保隧道的安全施工。

李利平等以兰渝线两水隧道为工程背景，采用大比例尺三维模型实验，还原不同开挖方法的施工过程，研究结果表明掌子面附近为荷载集聚区、掌子面前方为荷载弱集聚区和掌子面后方为荷载释放区，支护结构有效减弱掌子面前方围岩荷载的集聚程度和峰值，有利于隧道围岩稳定性。

李松涛等以七冲村一号特大断面隧道为依托，利用现场监测的围岩变形和结构受力数据，对小净距隧道力学效应进行分析，比较不同施工方法得出符合现场实际的双侧壁导坑法作为优选方案。

曹智淋等基于岩体卸荷理论，采用数值模拟方法分析了卸荷作用对超大断面隧道施工各导洞围岩压力的影响，得出施工过程应尽量避免临时支撑和中部核心土的拆除，加强隧道位移监测。

聂建春等通过有限元模拟建立不同偏压大断面浅埋隧道施工方案，结果表明对超大断面隧道不同施工工法具有一定的影响。

杨德升以广深沿江高速公路宴岗隧道为工程背景，对单拱四车道小净距区段进行研究，通过数值模拟和围岩受力理论分析超大断面分岔隧道施工力学机制，得到了不同施工顺序对小净距隧道应力位移的变化规律。

1.4.2 爆炸动力荷载

对于爆破荷载下相邻隧道围岩损伤问题，国内外学者进行了广泛研究，主要体现在理论分析和数值分析两个方面。针对于理论分析，将爆破荷载下相邻隧道围岩的动态响应简化为应力波作用下的动应力集中，分析围岩动应力集中系数分布规律；数值分析则以数值模拟软件为手段，结合现场实测，分析围岩质点振速和应力场变化规律。代表性研究如下所述。

阳生权分析了小间距公路隧道爆破开挖对既有隧道围岩应力场和速度场的变化规律，结果表明，既有隧道迎爆侧围岩应力及振速远大于背爆侧，最大振速位于拱腰至拱肩区域。

刘慧、彭道富、赵晓、李宁、刘康等学者均采用了数值模拟手段研究了爆破对邻近隧道动态响应指标的影响，结果同样表明迎爆侧直墙和拱部为最主要扰动区。

夏祥等以现场试验和数值模拟为手段，提出了一种基于质点振动速度的围岩损伤控制方法，解决了隧道爆破开挖对既有隧道扰动过大的问题。

曹峰等研究了循环爆破荷载对小净距隧道中夹岩柱累积损伤特征，利用数值模拟和现场监测数据分析得到最大损伤范围出现在中夹岩的拱肩，循环爆破范围明显大于单次爆破。

张国华研究了不同爆破施工方法对隧道围岩损伤的影响，揭示了爆破振动造成的累积损伤分为变形损伤和疲劳损伤两类，变形损伤为主要部分，现场振动监测表明爆源近区损伤度和位移量最大。

Song 等开发了大型隧道开挖模拟试验系统，研究了大断面小净距隧道开挖过程的动力响应规律，结果表明，小净距后行洞爆破开挖对中夹岩柱稳定性影响较大，受爆破过程长期影响导致隧道围岩爆破振动敏感度降低。

1.4.3 围岩稳定性

隧道围岩稳定性是围岩整个施工过程和运营期间的重要研究内容，是隧道安全的第一指标，目前针对隧道围岩稳定性评价分为定性评价和定量评价。定性评价一般采用工程地质判别法；定量评价则基于隧道围岩力学性质和监控量测数据判断围岩受损程度，常用的方法包括力学解析法、可靠度分析法、模型试验、现场监控量测以及数值模拟。针对隧道围岩稳定性的研究方法很多，均存在局限性，分岔隧道的小净距区段中夹岩柱受力状态复杂，在设计和施工阶段常采用定性和定量评价相结合，或者多种定量评价协同评价。

李术才等以八字岭分岔隧道为工程背景，采用理论分析、模型试验和数值分析等手段，建立小净距隧道中夹岩柱稳定性判据，结合现场监测，验证了计算结果的正确性；唐陶文等基于普氏理论提出分岔隧道小净距段中夹岩柱围岩压力计算方法，运用 FLAC 3D 模拟了中夹岩厚度对围岩稳定性的影响。

在隧道工程中，支护结构受力特性同样可以作为围岩稳定性的评价指标：如，Wang 等开发了大断面隧道组合拱的力学测试系统，借助此系统，对围岩支护结构的受力进行分析，以此判断隧道围岩变形的控制效果，避免围岩失稳发生安全事故；万利等建立了拱顶位移控制率评价指标；黄成造等发明了一种对拉锚杆的新型隧道支护工艺，解决双侧壁导坑法施工中间核心土稳定性问题；万明富等利用数值模拟和模型实验对支护稳定性进行了研究；蒋坤和夏才初则通过监控量测研究支护结构受力特点，判断围岩稳定性。

综上所述，针对超大断面分岔隧道的特点，施工力学特性主要以小净距隧道中夹岩柱为研究对象，以理论分析、数值模拟和监控量测等为主要研究手段。对于爆炸载荷下邻近隧道围岩的动态响应，有文献分析了围岩中应力集中系数分布特征和质点振速、应力等指标的变化规律，得到了既有隧道迎爆侧直墙和起拱点位置是邻近隧道爆炸载荷下的主要扰动区，为邻近爆炸载荷下隧道围岩损伤机理和安全防护提供了依据。

1.5　超大断面分岔隧道控制爆破理论及技术研究现状

1.5.1　精准延时爆破

电子雷管由于其延时精度高和段别设置不受限制，即使对大断面爆破也容易实现单孔单响的逐孔起爆技术，根据 Basebi 等的工程试验研究，采用单孔单响的电子雷管进行起爆，能有效达到爆破效果。电子雷管相对于导爆管雷管优势在于减小延期时间误差和增加雷管使用段别。在应用过程中，解决了超大断面爆破开挖雷管段别不够的问题。然而，如何确定电子雷管延期时间以达到爆破降振效果，是电子雷管短延时爆破的关键。

李顺波等基于地震波传播过程中的能量变化，给出了孔间毫秒延时时间的计算公式，得出孔间延时间隔为 4 ms 或者为 4 ms 的倍数。能够有效降低爆破振动，利于建筑结构的安全。

薛里、刘世波根据波动理论分析波形叠加达到干扰降振的条件，得到隧道爆破孔间延时间隔时差为4~6 ms时，减震效果最佳。

田振农借鉴Dowding对爆破振速监测和控制的研究，分析电子雷管起爆的错相减震的机理，认为相邻孔微差时间为半周期，爆破振动降低58%。

康永全等利用ANSYS/LS-DYNA动力有限元软件模拟地铁隧道爆破现场两个相邻炮孔在不同延时时间下的应力波叠加情况，研究逐孔起爆的振动累积效应，得到数码电子雷管降低爆破振动最佳的延时时间为7 ms，降振效果明显。

李清等提出电子雷管延期时间设置原则，认为孔间延期时间为炮孔所在区域岩体全部受到应力扰动的时间、爆炸裂缝产生至被抛掷岩体刚刚脱离保留岩体的时间和抛掷岩体刚刚脱离保留岩体后续起爆炮孔创造新自由面所需的最短时间之和，计算得出掏槽孔、辅助孔孔间延期时间为3~5 ms，爆破效果最佳，振速降低23.4%。

傅洪贤基于工程经验和现场试验，在隧道采用电子雷管逐孔起爆，得出验掏槽眼间延时间隔时间为5 ms；周边眼间延时间隔时间为3 ms；其他炮眼间延时间隔时间为10 ms，爆破进尺从2 m提高到2.5 m，振速降低50%。

李东涛根据现场试验，将全断面的电子雷管孔间延时设置为2 ms和14 ms，取代导爆管雷管，试验表明：减震效果明显，降振效率在50%左右。

上述研究中，电子雷管在隧道爆破起爆时差确定方法为工程经验、现场试验、波动理论、数值模拟等，设计差异较大，得出的结论多为实际工程应用中的经验值，并没有形成一套完善的计算、监测、应用的体系，此外，电子雷管的成本以及实际操作方法技巧都是阻碍其应用的重要因素。

1.5.2 起爆网路减振技术

起爆网路减振技术核心思路在于实现逐孔起爆，对于超大断面隧道而言，即使是分部开挖，单次爆破工序所需电子雷管数量往往在百发以上，采用导爆管雷管进行起爆，因段别限制导致单段药量大，减振效果差和围岩损伤强。采用全电子雷管会显著增加施工成本和施工时间，对于振动控制要求高的复杂工程，相互之间形成矛盾。

逐孔起爆网路常用于地下矿山深孔爆破和露天台阶深孔爆破之中。在隧道工程爆破中，受限于雷管段别无法实现。房泽法基于导爆管雷管对孔内外延时逐孔起爆网路进行系统的研究和应用，他认为利用导爆管雷管实现单孔单响，炮孔数目是有限的，应研制生产高精度的等间隔微差雷管，网路的可靠性随着雷管数目的增加而逐渐降低。

薛里和孟海利根据隧道爆破振动特点，设计了分区混合起爆网路和电子雷管孔外接力混合起爆网路两种形式的延期起爆网路，在实际应用中，节省了电子雷管50%~80%，减振效果相对较明显。

田炳坤在隧道爆破开挖的掏槽孔采用电子雷管，其他功能孔采用导爆管雷管，通过设置合理的电子雷管微差时间，最终能有效地达到减振效果。

杨年华等在济南开元寺隧道电子雷管孔外接力传爆实现分区混合起爆，利用孔外高精度雷管微差完成了2孔1段掏槽，孔外延期时间设置为9 ms、17 ms和25 ms。

1.5.3 特殊减振技术

针对隧道掏槽爆破振速偏大现象，近些年来一些学者试行一种新方法：即掏槽眼上方横向布置一排预裂孔，先行爆破形成裂缝，减少掏槽爆破振动向上传播，其中李地元在沪昆高铁黄鹤堡隧道、隧道进行了试验；杨仁树将预裂孔药卷改为切缝药包后较普通预裂爆破振动效果更为显著。

兰朝荣运用水钻施工双排周边孔将开挖范围围岩预先与基岩隔开，同时以液压掏槽机械在隧道中心部位预先钻进15~20 m直径800 mm大空孔后进行爆破，空孔兼起超前物探孔及空气弹簧减震孔的作用。用此方法顺利完成重庆地铁6号线小什字站隧道高危建筑下的爆破施工。

Dohyun Park在隧道炮孔底部增加一定长度纸筒作为空气间隔器减小爆破振动。现场实验结合AutoDYN软件的数值模拟结果证明采用不同长度的间隔器，隧道爆破振动速度能减小10%~25%。

归纳国内外隧道爆破研究，目前缺乏根据超大断面分岔隧道所面临的爆破特殊性的专门研究，大多数施工单位仍在套用矿山巷道技术进行上述隧道爆破，虽然针对超大断面分岔隧道的研究已经取得了一些科研成果，但一些关键技术问题还没有得到解决，目前，在隧道开挖理论和控制爆破技术方面存在以下不足：

（1）超大断面分岔隧道建设数量日益增多，但缺少相应施工规范，既有爆破掘进技术存在安全风险。尤其是400 m^2以上的公路隧道工程和中夹岩柱厚度小于1 m的小净距隧道工程更为少见，可供参考的工程经验有限。

（2）目前研究文献中对于分岔隧道施工方法的研究主题主要以超大断面隧道和小净距隧道作为单独工况为切入点，针对变截面隧道之间工法衔接的研究较少。

（3）多数工况将小净距隧道与超大断面隧道之间设计连拱隧道过渡，以保障小净距隧道中夹岩柱的厚度达到自稳能力，缺乏针对超小净距隧道爆破开挖方法的研究。

（4）复杂隧道群结构和围岩损伤控制高要求下，隧道爆破存在技术局限性和安全施工困难性，现有爆破设计主要依据经验公式和定性分析，需要突破关键理论难题，并建立爆源近区精确控制爆破理论与技术体系。

1.6 本书研究内容及技术路线

1.6.1 本书研究内容

本书以深圳莲塘隧道为依托，进行超大断面分岔隧道爆破开挖方法与精准控制技术研究，研究对象包括分岔部的超大断面区段和小净距区段，其中超大断面区段开挖面积达 428.5 m^2，小净距区段中夹岩柱最小厚度仅为 0.5 m，均为典型的难点工况。研究内容重点针对以上两大工况在钻爆法施工实践中存在的安全问题，重点开展关键区段安全控制爆破理论和技术研究，解决形成超大断面的开挖方法、小净距隧道后行洞爆破分区、超大断面隧道围岩减振降损的安全爆破技术、小净距隧道后行洞安全控制爆破技术四大工程技术难题，以保障分岔隧道的施工安全和围岩稳定。具体研究内容如下所述：

（1）超大断面分岔隧道变截面开挖方法研究。以小净距隧道先行洞变截面施工形成超大断面为研究工况，旨在解决“小”往“大”断面变截面开挖因面积差距、拱顶高差存在的工法衔接问题。该部分主要研究内容包括：

1）变截面开挖方法及关键步序；

2）多步序扰动下分岔隧道全局围岩受力及变形特性；

3）变截面开挖方法的合理性评价。

（2）分岔隧道超大断面区段安全控制爆破技术研究。根据上面研究内容 2)，在超大断面分布开挖中建立不同开挖步骤的安全控制爆破技术，通过电子雷管精准延时爆破技术实现超大断面隧道钻爆法施工围岩减振降损的目标，主要研究内容为：

1）电子雷管起爆网路的延时参数精确计算方法；

2）基于电子雷管的超大断面隧道爆破技术与应用；

3）电子雷管精准延时爆破振动效应分析。

（3）分岔隧道小净距区段后行洞爆破分区方法研究。研究小净距隧道后行洞爆破分区方法，合理规划后行洞掌子面爆破开挖分区，以保护中夹岩柱的完整性，具体内容如下：

1）确定后行洞爆破开挖时空分区；

2）后行洞分区开挖对小净距区段围岩稳定性影响的研究；

3）求解时空分区的几何参数。

（4）分岔隧道小净距区段后行洞精准控制爆破技术研究。根据研究内容（3）后行洞爆破时空分区，研究不同分区断面的控制爆破技术，减小爆破荷载对中夹岩柱的损伤。具体内容如下：

1）后行洞爆破荷载下中夹岩柱损伤机理研究；

2）后行洞不同分区控制爆破技术研究；

3）控制爆破技术参数定量化计算方法研究；

4）爆破振动效应分析与评价。

上述研究内容以莲塘隧道分岔部开挖的工程技术难题为导向，研究内容相互关联，联系紧密，围绕超大断面分岔隧道开挖顺序展开。针对工程技术难题逐个击破，在全局系统下保障超大断面隧道爆破开挖围岩稳定性和小净距隧道中夹岩柱的稳定性，以期实现安全施工。

研究内容与开挖顺序的关系示意图如图 1-3 所示。

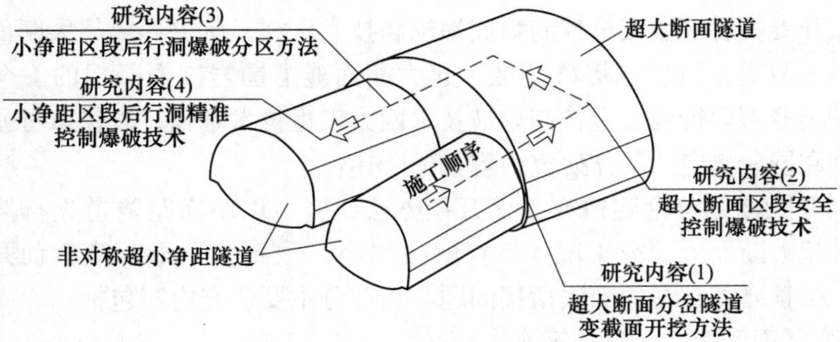

图 1-3　研究内容与开挖顺序的关系示意图

1.6.2　技术路线

宏观上，以低振速、低损伤安全爆破为目标，将超大断面分岔隧道的大断面形成方法与技术、小净距开挖技术作为相互影响的整体进行系统分析研究；微观上，围绕形成超大断面的安全开挖方法、小净距隧道后行洞开挖时空分区、超大断面和小净距区段不同断面的精准控制爆破等技术问题，采用数值模拟、现场监测、理论分析、现场试验等方法，对超大断面分岔隧道安全控制爆破技术展开较为系统的研究。具体技术路线内容如下所述。

（1）超大断面分岔隧道变截面开挖方法研究的技术路线。采用岩土分析软件 MIDAS GTS 建立不同开挖方法下三维动态施工计算模型，分析不同开挖方法的围岩受力、变形、塑性区特性，确定变截面最优开挖方法，与现场监控量测数据对比，评价开挖方法的合理性。

（2）分岔隧道超大断面区段安全控制爆破技术研究的技术路线。基于 Anderson 波形叠加理论，推导出以单孔爆破实测波形为基础的隧道电子雷管逐孔起爆时间参数计算方法，通过傅里叶变换使离散的实测波形连续化，采用时能密度法截取拟合波形的有效区段，经叠加计算得到多孔延时间隔的预测波形，以此作为确定段间延期时间和孔间延期时间的依据，通过现场试验，验证方法的准确性，同时分析爆破振动效应。

（3）分岔隧道小净距区段后行洞爆破分区方法研究的技术路线。将小净距隧道双洞围岩力学问题转化为双连通域问题，利用等代圆法和 Schwarz 交替法求解小净距隧道施工过程后行洞围岩受力特性，得到不同分区参数的围岩应力变化规律，基于此得到后行洞爆破开挖时空分区参数。

（4）分岔隧道小净距区段后行洞精准控制爆破技术研究的技术路线。对于后行洞单临空断面，采用电子雷管与导爆管雷管混合孔内外延时起爆技术，以最优化问题为求解思路，以隧道孔内外延时爆破网路的安全起爆要求为约束条件，推导出时间参数计算方法；对于后行洞双临空面断面，采用微震控制爆破组合技术，联合使用有限元分析软件 HYPERMESH 和 LS-DYNA，分析爆破荷载下中夹岩柱损伤机理，划分精确控制爆破区间。通过现场试验分析以上控制爆破技术的合理性。

具体技术路线如图 1-4 所示。

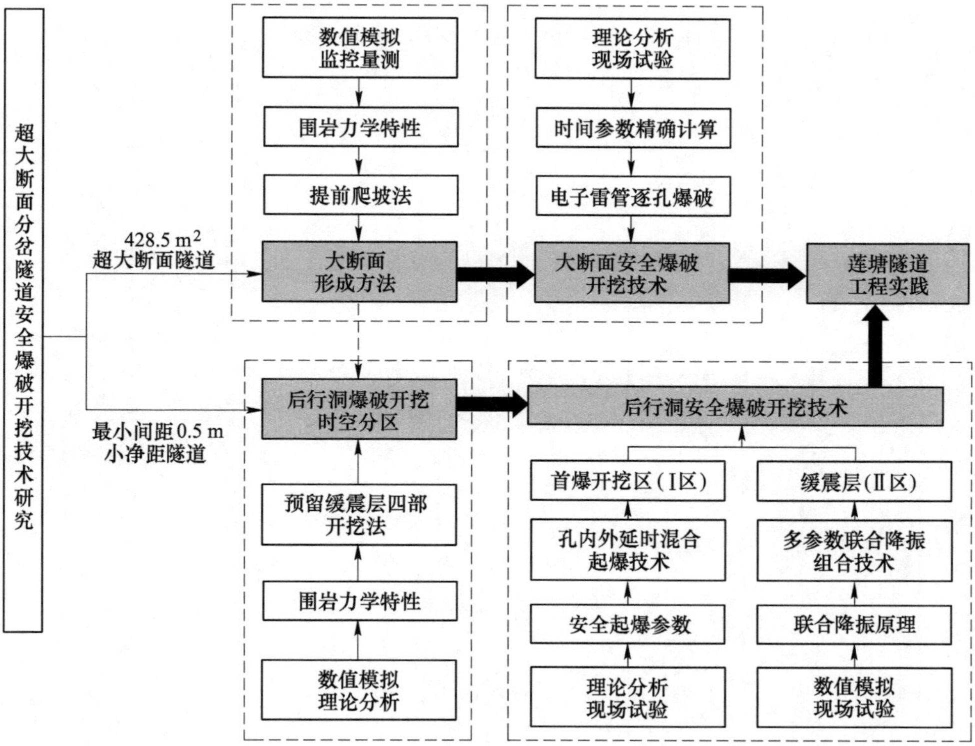

图 1-4 技术路线图

1.7 本章小结

超大断面分岔隧道是公路隧道宽大化设计和建设的发展方向，系统研究超大断面分岔隧道开挖方法和安全爆破技术，具有重要的理论意义和应用价值。本章对超大断面分岔隧道建设情况、爆破开挖方法、施工力学及围岩稳定性和控制爆破理论及技术的研究现状进行了文献分析，总结了隧道开挖理论和控制爆破技术方面存在的不足。针对莲塘隧道工程，提出解决形成超大断面的开挖方法、小净距隧道后行洞爆破分区、超大断面隧道围岩减振降损的安全爆破技术、小净距隧道后行洞安全控制爆破技术四大工程技术难题的研究内容和方案，以保障分岔隧道的施工安全和围岩稳定。

2 分岔隧道形成超大断面区段的开挖方法

超大断面分岔隧道由多类型断面隧道群构成，工序转换复杂，尤其是形成 400 m^2以上大断面隧道的变截面开挖方法不明确，尚无可借鉴的施工技术规范。为解决本书四大关键问题之一的超大断面形成的方法问题，基于过渡段不同断面的结构特点，特别是因断面面积差异和拱顶高差的工序衔接难题，本章从施工工艺、施工技术、施工安全性等方面提出安全高效的变截面开挖方法。采用数值模拟分析不同开挖方法施工阶段的围岩受力、变形、塑性区分布规律，对比评估不同开挖方法的优劣；结合施工阶段监控量测的围岩拱顶位移和支护结构受力特性，验证所选变截面开挖方法的合理性。

2.1 莲塘隧道工程概况

2.1.1 工程背景简介

莲塘隧道为深圳东部过境高速公路的关键控制性工程，深圳市东部过境高速公路是广东省及深圳市重大建设项目。该项目为《粤港合作框架协议》和《珠三角改革发展规划纲要》编列的重大基础建设项目，是深圳市干线路网规划“七横十三纵”中高速公路网的重要组成部分。

莲塘隧道位于深圳市罗湖区梧桐山西北侧，如图 2-1 所示，起于规划中的莲塘口岸，终点接入深汕、惠盐高速公路金钱坳立交。紧邻深圳水库和莲塘居民区，与深圳水库最近的直线距离为 120 m，止于 4A 级景区仙湖植物园内，是连接莲塘口岸与深圳市干线公路网的重要通道。隧道主线段为高速公路分离式双洞八车道，隧道全长 2650 m，设计时速为 60 km/h。

莲塘隧道左线分岔部为典型的超大断面分岔隧道，采用地下“三车道+两车道”立交，由五车道渐变为四车道，实现洞内分流，是国内首座真正意义上的地下互通式立交公路隧道。分岔隧道平面图如图 2-2 所示。

分岔隧道最大断面区段位于左线 K1+880~K1+901(SLK1+879~SLK1+900) 段，开挖断面约为 30 m（跨度)×18.4 m（拱高)，高跨比 0.61，开挖轮廓面面积为 428.5 m^2，属于国内外少见的大断面公路隧道；分岔部小净距段，与大断面相连，中夹岩柱最小厚度为 0.5 m。分岔隧道交汇面断面结构设计图如图 2-3 所示。

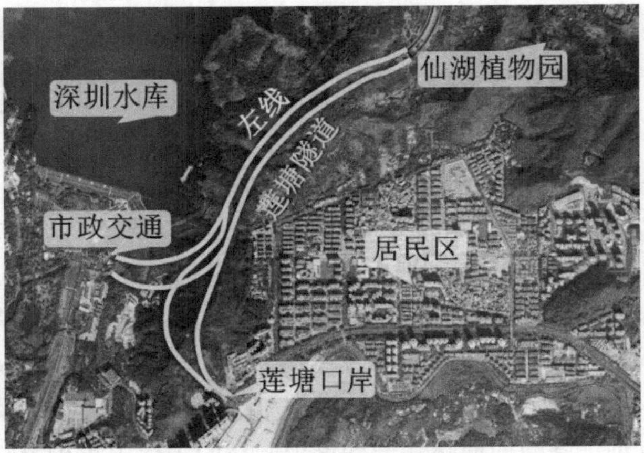

图 2-1　莲塘隧道位置及布置示意图

图 2-2　分岔隧道平面图

2.1.2　工程地质条件

莲塘隧道沿线地貌为丘陵，地面标高最大值约 200 m，最低为出口所在地 30 m。地形坡度在山间较大，一般为 18°~35°；在山间谷地处较缓，该段路线经

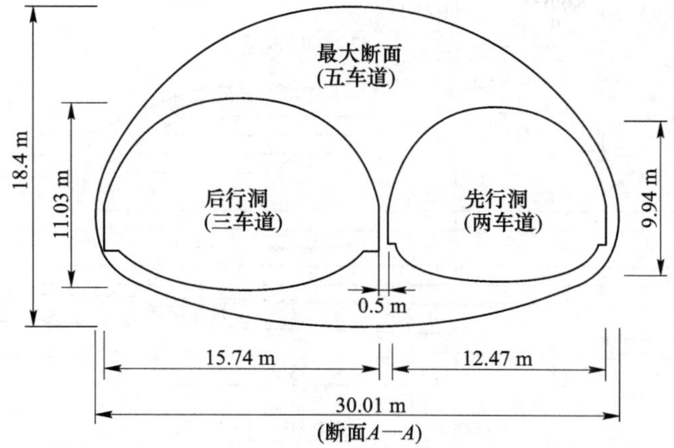

图 2-3 分岔隧道交汇面断面结构设计图

过的自然山体完整，自然植被茂盛，覆盖率高。隧道左线位于仙湖植物园景区内，临近深圳水库和景区内重点文物建筑，隧道施工过程对环境保护和围岩稳定性要求高。

根据工程地质勘探报告，隧道场区基岩地层主要为石炭系砂岩及侏罗系流纹岩，其地层产状主要受北东向深圳断裂束影响，走向北东，倾向北西，倾角40°~65°。隧道分岔部穿越地层主要为石炭系层状变质砂岩及侏罗系流纹岩，隧道区均为高程低于100 m的低山山麓丘陵区，山体较缓，最大埋深约90 m。隧道沿线不属于高应力场区，场区围岩多数为微风化砂岩，属于Ⅲ级围岩，节理裂隙较发育，裂隙表面大多数有铁锰质浸染。隧道主线段左线部分纵断面图如图 2-4所示。隧道段水文地质条件较简单，地下水较贫乏，地层渗透性弱，北西向断裂富水、导水特征不明显。预测隧道开挖时，地下水状态将以潮湿、滴水或线状细水水流为主。围岩稳定性较差，拱部无支护时局部可产生中、小塌方，侧壁基本稳定。

据《中国地震动参数区划图》（GB 18306—2015），场区内地震动峰值加速度为0.10g（g为重力加速度），地震动反应谱特征周期为0.35 s，隧道场区为抗震一般地段。隧道位于区域性的深圳断裂带区域内，具备复杂的区域地质背景，但未发现活动断裂构造通过，根据《深圳市区域稳定性评价》中的稳定性分区结论，深圳断裂带位于现今活动性较弱的部位，自晚更新世以来没有明显的构造活动，在区域性分区图中属基本稳定区，适宜建筑。

2.1.3 研究工况难点

莲塘隧道分岔部属于典型的超大断面分岔隧道，无论是断面结构、工程规模、地理环境等方面均属罕见，其特点和难点体现如下所述。

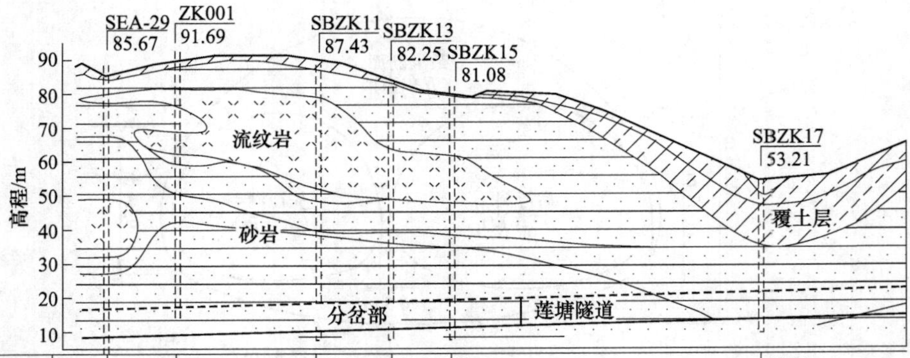

孔深/m	84.21	78.25	80.60	71.30	73.97	43.80
钻孔间距/m	21	42	21	18	91	
路线桩号	K1+800	K1+880	K1+901	K1+930	K2+040	
断面结构	小净距	超大断面	渐变段			
围岩级别	Ⅲ级(微风化砂岩和流纹岩)	Ⅳ级(中风化砂岩)				
BQ	469.50～504.40	371.50～411.25	297.50～326.50			

图 2-4 莲塘隧道主线段左线地质纵断面图（K1+800~K2+040）

（1）莲塘隧道进口临近居民区、沿线临近景区重点文物建筑，市民关注度高，环保要求高。由于莲塘隧道洞身段工程地质及水文地质条件复杂，距离深圳水库最近距离约 120 m，且隧道顶板标高低于深圳水库正常水位，施工中可能穿越富水地带，采用钻爆法施工对围岩扰动控制要求高。

（2）隧道断面结构复杂多样，涵盖了两车道、三车道、四车道及五车道在内的多种断面形式。其中，最大断面五车道围岩稳定性较差，拱部无支护时局部可产生中、小塌方，是莲塘隧道施工面临的最大风险源，开挖跨度可类比的工程项目少，初衬对于围岩的稳定效果难以量化，二衬成环跨度大，应重点加强监控量测工作，随时掌握围岩变形及应力变化情况。

（3）小净距隧道中夹岩柱窄，最小厚度仅 0. 5 m，后行洞爆破施工，极易造成中夹岩柱和先行洞支护结构受损，造成片帮、塌方等安全事故，因此，爆破施工过程中应重点加强保护。

（4）分岔隧道区域整体围岩等级为Ⅲ级，具有一定的自稳时间。施工期间，不同断面的施工工法转换复杂，围岩及支护结构相互关联，研究过程中不能简单地以单洞作为研究对象，应充分考虑分岔隧道全局空间下不同断面洞室之间的协同作用。

2. 2 分岔隧道变截面开挖方法研究

2. 2. 1 断面开挖方法设计简介

结合实际地质情况及地勘资料，断面施工顺序为先行洞两车道的小断面往五车道的大断面开挖，然后反向开挖后行洞三车道，由分岔隧道交汇面断面结构设计图可知，两车道开挖断面面积仅 100.4 m^2，与最大断面相差 3.3 倍，拱顶高度相差 5.9 m，因此，小断面先行洞如何向大断面五车道过渡，是形成超大段面区段的关键。分岔隧道各断面施工设计工法示意图如图 2-5 所示，由于四车道以上没有设计规范，现场开挖分区仅建议大断面段采用双侧壁开挖、小净距隧道先行洞和后行洞采用上下台阶开挖，但如何由两车道进入大断面的开挖顺序并未给出具体开挖步序。超大断面五车道多步序施工对围岩稳定性的影响，关系着超大断面分岔隧道施工安全，因此，变截面开挖是超大断面分岔隧道施工的重点和难点。

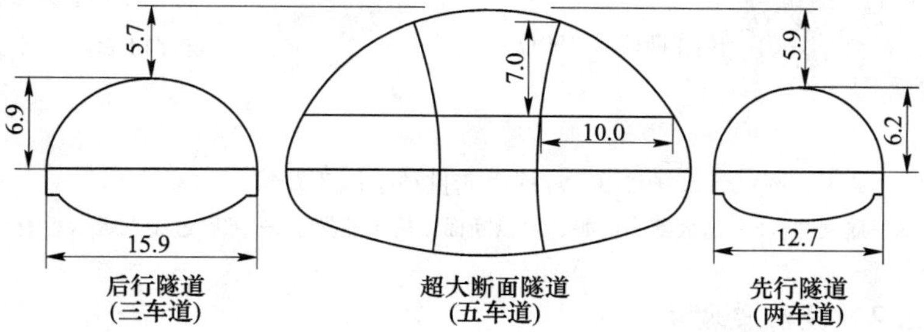

图 2-5 分岔隧道不同断面施工设计工法示意图（单位：m）

2.2.2 变截面施工方法概述与特点

为解决大断面形成过程中的变截面开挖顺序衔接问题，当前类似工程中常采用以反向挑顶为特点的开挖方法（以下简称反向挑顶法），从大断面区段起始段位施工辅助斜导洞至大断面单侧拱顶，从大断面区段内部完成拱顶高差的过渡，随后反向挑顶形成大断面拱顶轮廓。

根据莲塘隧道的结构特点，本书提出了一种新的开挖方法——基于从小断面隧道提前爬坡的开挖方法（以下简称提前爬坡法），即从小断面隧道合理位置施工辅助斜导洞，从大断面区段外部爬坡至单侧拱顶。

两种施工方法特点分别表述如下。

2.2.2.1 常规反向挑顶法

如图 2-6 所示，先行洞两车道正常开挖至最大断面交汇处，以交汇面作为斜导洞施工起始段面，大断面开挖初期以两车道上台阶断面为斜导洞施工工作面，斜导洞通过变截面施工至大断面结束位置，此时斜导洞断面与大断面单侧壁断面重合。斜导洞上方未形成大断面区域采用反向开挖至设计轮廓，至此完成分岔隧道变截面过渡段施工，随后进行横向扩挖，形成双侧壁另一侧和中导洞后，完成开挖施工。

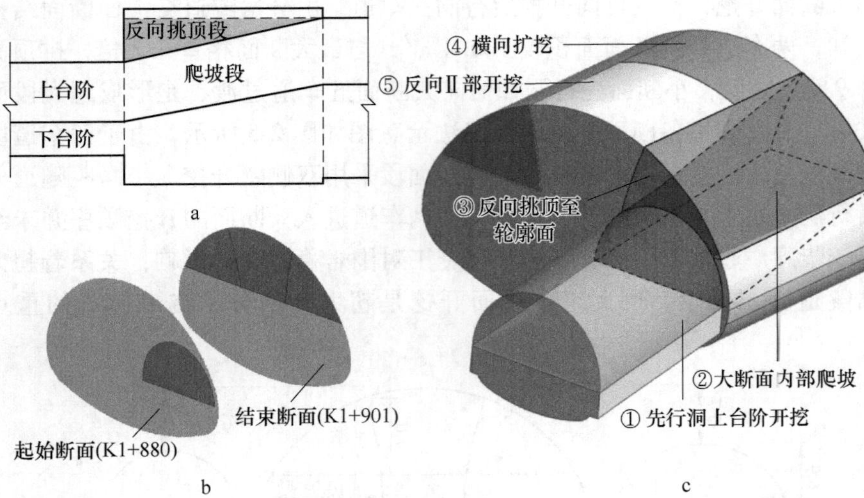

图 2-6 常规反向挑顶法施工步序

a—侧视图；b—超大断面起始、终点断面结构示意图；c—工序过渡三维示意图

2.2.2.2 提前爬坡法

连塘隧道最大断面 428.5 m^2、跨度 30.01 m，在我国公路隧道中断面面积、跨度均较为罕见，在如此大断面的开挖方案设计中，施工安全是需考虑的首要问题。为此，本书提出的超大断面形成的提前爬坡开挖方法，即先行洞两车道开挖距大断面一定位置时停止，以两车道上台阶为初始工作面提前开挖斜导洞至大断面结束面，并与一个侧壁断面重合，如图 2-7 所示。提前爬坡会造成先行洞爬坡段高程大于双车道设计高程，其次双车道上台阶断面与大断面单侧壁轮廓并不相同。为此需开挖结束后在提前爬坡段进行回填和支护作业；对于断面不同的处理方法是将爬坡段分为两个部分：一是常规爬坡段；二是临近大断面时保留 1~2 个进尺区段采用变截面施工，与大断面一个侧壁工作面衔接，完成分岔隧道变截面过渡，在大断面单侧壁形成后再进行横向扩挖、另一侧壁和中导洞开挖支护。

2.2.2.3 两种方案的特点与区别

反向挑顶法和提前爬坡法主要不同在于，在进入大断面隧道施工之前从小断面隧道合理位置开始起坡，不同起坡位置造成后续施工过程的巨大差异，因此，两种方法从施工工艺、施工技术、施工安全性等方面均存在本质区别。反向挑顶法从大断面隧道里程起点位置起坡至大断面里程终点的最高点，爬坡段与大断面轮廓之间形成欠挖区域，后续通过反向挑顶爆破扩挖至大断面顶部轮廓，斜坡上方围岩挑顶爆破为从下往上钻孔施工作业，危险系数极高，同时，斜坡破坏了大断面设计工法，支护无法同步进行，大断面隧道围岩扰动控制难度大，对 400 m^2 以上大断面爆破施工极为不利。提前爬坡法从小断面隧道合理位置起坡至大断面

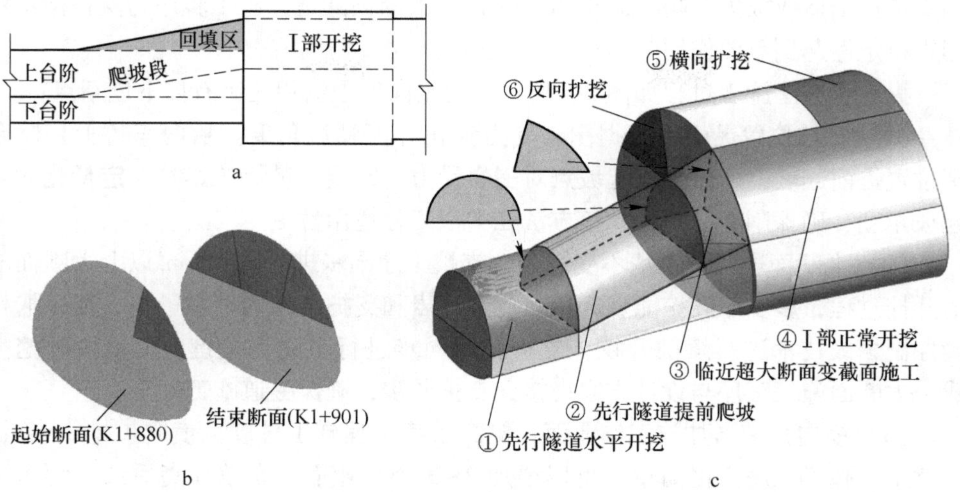

图 2-7　提前爬坡法施工步序

a—侧视图；b—超大断面起始、终点断面结构示意图；c—工序过渡三维示意图

隧道起点位置的最高点，大断面隧道区域以设计工法施工，支护同步进行，保障了 400 m^2以上大断面隧道段围岩稳定和爆破施工安全。具体区别如下：

反向挑顶法施工过程示意图如图 2-6 所示，针对莲塘隧道分岔部工况，该方案存在以下问题：

（1）起坡位置固定，爬坡角度无法改变。如图 2-6a 所示，反向挑顶法从大断面交汇处作为斜导洞的起坡点，开挖至大断面的里程终点，其爬坡角度由先行洞断面和大断面平面位置关系决定，为固定值，大断面区段长度越大，爬坡角度越小，对于施工越有利，因此，不适用里程短的超大断面分岔隧道过渡施工。

（2）钻孔角度控制难度大，工人施工作业危险系数高。反向挑顶区域为不规则圆弧形薄岩层，需多次爆破完成扩挖。工人钻孔时，钻孔台架底部需进行堆渣处理，铺设水平作业平台。如果采用水平钻孔爆破，钻孔角度难以控制，易造成片帮；如果采用垂直方向钻孔，控制钻孔深度难度大，炮孔孔口朝下不利于装药和堵塞，工人作业危险系数高。

（3）挑顶区爆破对大断面顶部产生累积损伤，爆后渣石堵塞洞口。反向挑顶区域爆破开挖时，对该区域大断面周边围岩造成多次累积损伤，影响大断面隧道围岩稳定性。同时，顶部岩体爆破碎石抛掷方向朝下，爆后渣石将堵塞斜坡洞口，工作掌子面形成密闭空间，后续工程无法进行作业，影响后续工程施工工期。

（4）超大断面段无法形成设计工法步序，支护无法跟进。从交汇处起坡，破坏了大断面设计施工步序，爬坡侧无法形成双侧壁开挖工序，对后续工序调整和支护根据造成极大影响。对于400 m^2以上大断面隧道，施工步序与支护同步对围岩稳定性起到重要作用。

提前爬坡法施工过程如图 2-7 所示，与反向挑顶法相比，有如下创新点：

(1) 爬坡位置灵活，根据围岩受力量化计算爬坡角度。从两车道上台阶合理位置提前起坡，通过分析起坡点对围岩受力、回填方量等的影响，定量化计算起坡角度，确保围岩稳定性。该方法在类似工程适用性更为广泛。

(2) 大断面段开挖工法不受影响，支护工序同步进行。400 m^2以上大断面隧道开挖过程，多步序开挖能量卸荷对隧道围岩和支护结构均存在影响，需采取精确控制爆破技术进行爆破开挖，支护工序同步进行也尤为关键。爬坡段开挖完成，大断面施工工序与设计方案衔接，支护同步，确保隧道施工安全。

(3) 横向扩挖增加施工作业面，提高后续工程施工进度。横向扩挖结束后，后续工程施工工序衔接简单，可以增加 2~3 个作业面，有效提高后续工程施工进度。

综上所述，两种方案在施工方案、支护方案、施工工期和控制爆破技术等方面均存在本质区别，反向挑顶法通过在大断面内部施工辅助斜导洞完成断面过渡，施工衔接简单，对于断面形状要求不高，但挑顶工序较复杂，支护作业无法按双侧壁导坑法进行；提前爬坡法则通过提前规划爬坡起点，在大断面外部施工辅助斜导洞至一侧拱顶，先行洞两车道末端施工工序与大断面工序衔接顺畅，大断面后续开挖工序可按设计方案进行。

为评价两种方案施工阶段围岩受力、变形规律，采用数值模拟方法进行建模分析。前面分析了不同施工步序下分岔隧道形成大断面的安全性，在大断面形成过程中围岩的受力变形情况则需要通过数值模拟进行研究，并结合现场监测数据验证，具体介绍见后面章节。

2.3　变截面开挖过程模拟与围岩稳定性分析

为比较两种方案在开挖过程中的受力和变形情况，应用 MIDAS GTS NX 岩土有限元分析软件，以地层结构法为建模思路设计隧道原岩初始应力模型，根据两种方案的施工步序，建立分岔隧道变截面施工阶段三维计算模型，考虑到施工过程洞室工作面的不规则性，建模时简化了计算过程支护结构，重点分析分岔隧道施工过程中围岩位移及受力特性。

2.3.1　分岔隧道开挖过程计算模型与材料参数

计算模型依据施工图纸的设计参数建立，横向尺寸为 205 m（>6 倍洞径），以减小边界效应，纵向长度为 63 m，对应工程桩号为 K1+838~K1+901，高度参考实际埋深进行设计，如图 2-8 所示。模型采用六面体实体单元划分网格，隧道断面周边采用单元尺寸控制提高网格密度，边界条件为设置地表为自由面，其余边界为约束边界，计算时荷载为自重应力场。利用软件的隧道施工阶段助手，以每循环开挖进尺 3 m 设计分岔隧道施工步序，其中，反向挑顶法计算模型共 126 个施工步，提前爬坡法 119 个施工步，开挖模型如图 2-9 所示。

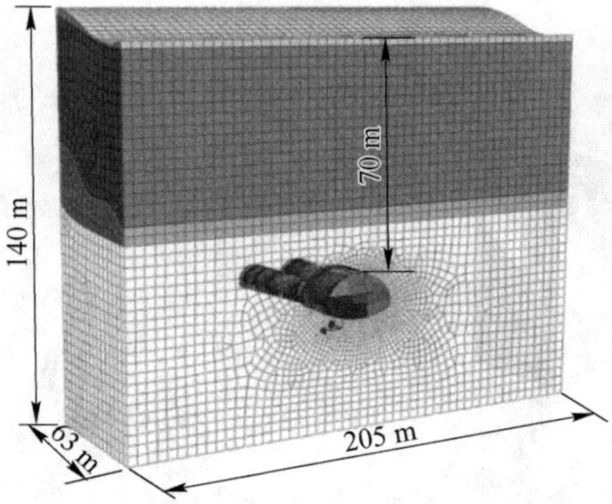

图 2-8　数值计算模型及网格划分

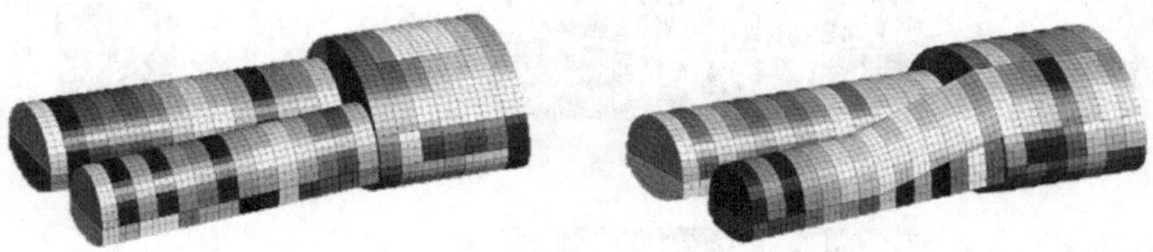

a　　　　　　b

图 2-9　施工阶段开挖岩体网格划分

a—反向挑顶法；b—提前爬坡法

计算模型中岩土材料采用摩尔-库仑弹塑性本构模型，部分材料参数参考莲塘隧道分岔部地质勘察报告数据和室内实验室数据，见表 2-1。

表 2-1　计算模型材料参数

岩石类型	容重/kN·m^{-3}	弹性模量/GPa	泊松比	凝聚力/kPa	摩擦角/(°)
中风化砂岩	19.0	0.6	0.4	26.5	25
微风化砂岩	24.5	8.35	0.15	500	33
微风化流纹岩	25.0	12.0	0.2	900	45

2.3.2　不同施工步序下超大断面分岔隧道围岩受力特性

分岔隧道施工阶段围岩平均有效应力分布云图如图 2-10 所示，开挖结束后，五车道超大断面应力集中位于两侧拱腰区域，小净距先行洞两车道与后行洞三车道则集中于拱肩和拱腰，尤其是靠近中夹岩侧的拱肩区域，符合超大断面隧道围岩受力规律。五车道围岩拱顶和拱底受压应力为主，拱腰两侧受拉，反向挑顶方案平均有效应力最大值为 9.38 MPa，提前爬坡方案则为 7.42 MPa，实际施工阶段应重点加强中夹岩保护，优化五车道中导洞开挖和支护结构封闭成环时间。

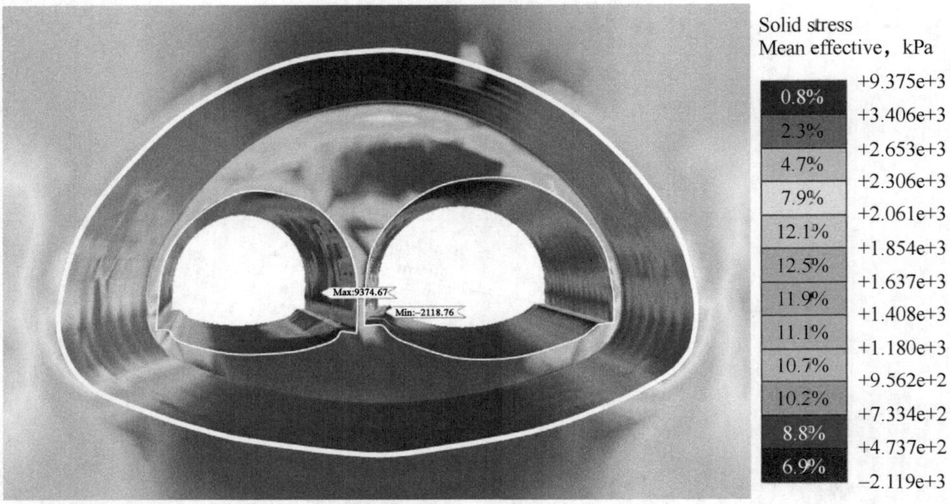

a

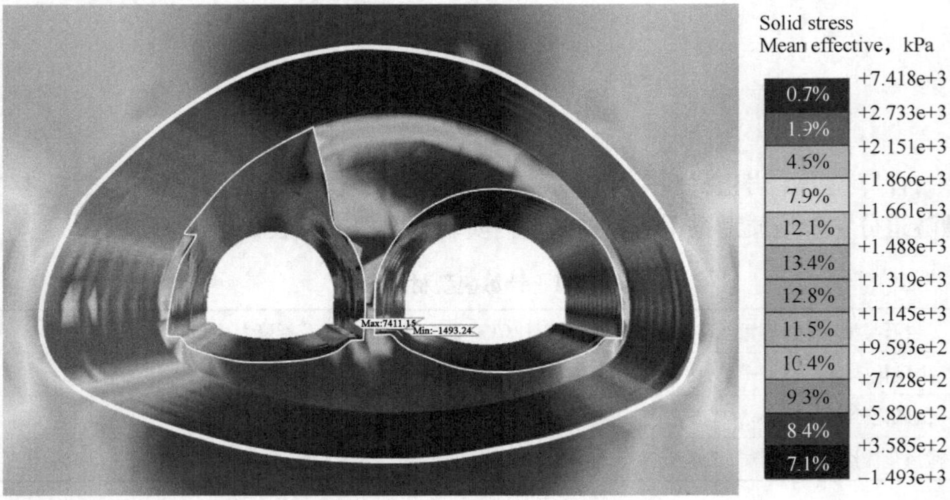

b

图 2-10　分岔隧道施工阶段围岩有效应力分布云图

a—反向挑顶法；b—提前爬坡法

2.3.2.1　先行洞小断面围岩拱顶受力分析

施工阶段先行洞两车道围岩拱顶受力时程曲线图如图 2-11 所示，在水平开挖段的监测面 K1+850，两种方案的监测面拱顶受力基本相同；在爬坡段监测面 K1+870（见图 2-11b），提前爬坡方案开始施工斜导洞，其围岩垂直应力峰值为 2.32 MPa，此时反向挑顶方案仍然进行先行洞上台阶施工，围岩垂直方向受力峰值与图 2-11a 相同为 2.96 MPa，是提前爬坡方案的 1.3 倍。

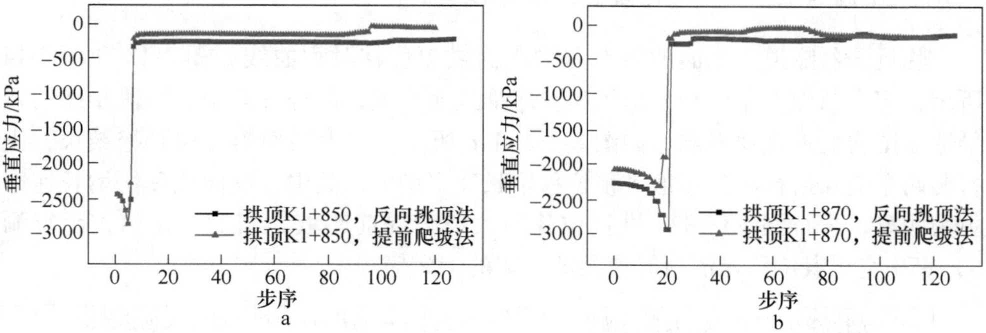

图 2-11　分岔隧道施工阶段先行洞两车道围岩拱顶应力变化曲线

a—水平开挖段 K1+850；b—爬坡段 K1+870

2.3.2.2　五车道大断面围岩拱顶受力分析

图 2-12 描绘了五车道监测断面 K1+890 拱顶水平和垂直方向应力时程曲线。随着超大断面五车道一层开挖步序的增加，围岩受力重新分布，大断面拱顶水平应力处于卸荷状态，影响荷载重分布结果的主要步序为大断面首部导坑开挖和一层开挖，应力随开挖面积增大而逐渐减小直至平衡，提前爬坡方案和反向挑顶方案的大断面最终拱顶水平应力为 0.30 MPa 和 0.42 MPa；垂直应力则随着开挖步

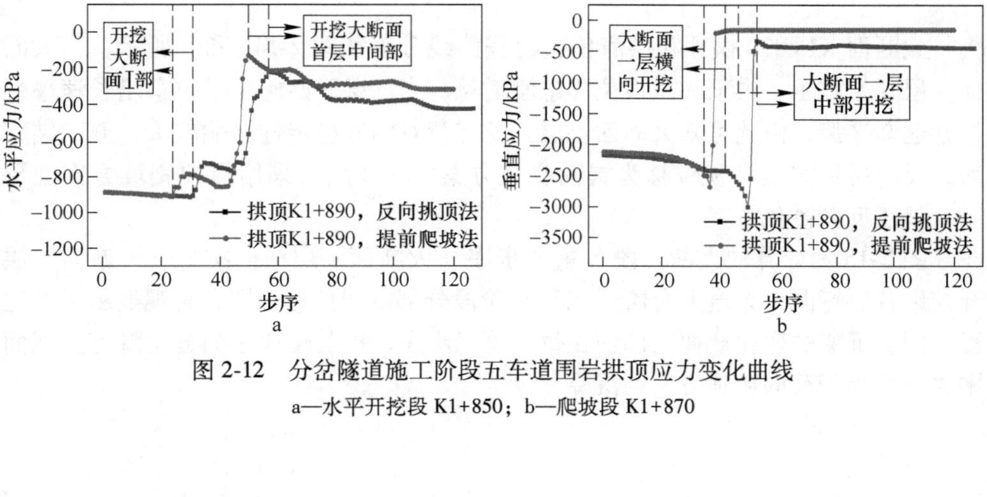

图 2-12　分岔隧道施工阶段五车道围岩拱顶应力变化曲线

a—水平开挖段 K1+850；b—爬坡段 K1+870

序增加呈现先增后减至平衡，峰值出现在一层中导洞开挖阶段，提前爬坡方案垂直应力最大值 2.68 MPa，反向挑顶方案为 3.10 MPa，稳定状态下提前爬坡方案围岩垂直应力为 0.15 MPa，与监测面 K1+840 结果相同，而反向挑顶方案为 0.46 MPa，约为提前爬坡方案的 3 倍。

从在施工阶段围岩所受应力来看，反向挑顶大于提前爬坡方案，前者对于先行洞两车道和大断面支护结构的要求更高。

2.3.3　不同施工步序下分岔隧道围岩变形规律

临近分岔隧道交汇面的重点监测断面拱顶位移时程曲线如图 2-13 和图 2-14 所示，超大断面五车道开挖面积随步序推进而增大，两种方案施工阶段步序的差异造成围岩变形规律不同。如图 2-13a 和 b 所示，当大断面第二层开挖结束，先行洞两车道和后行洞三车道拱顶位移增长速率增大，其中，反向挑顶法增长速率更为明显，先行洞 K1+870 拱顶位移最大值为提前爬坡方案的 1.4 倍，后行洞 K1+870 监测点位移峰值为提前爬坡方案的 1.2 倍。

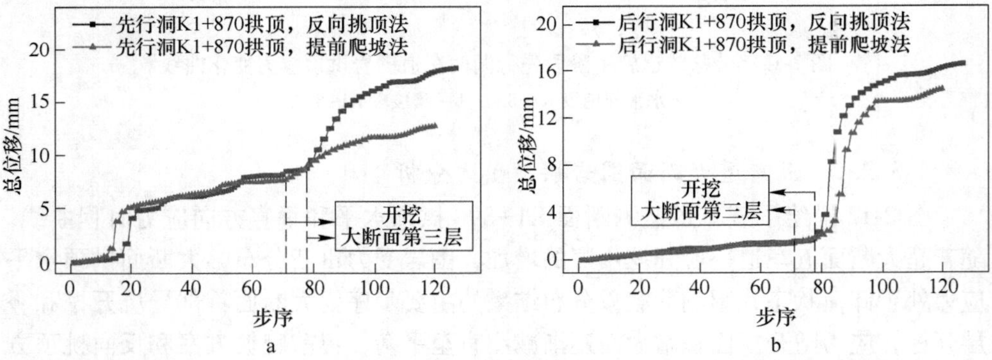

图 2-13　分岔隧道施工阶段拱顶总位移随施工步序变化曲线

a—先行洞两车道；b—后行洞三车道

大断面 K1+890 拱顶和拱肩位移时程曲线分别如图 2-14a 和 b 所示，当大断面一层开始施工，拱顶和拱肩位移急剧增长；当二层开始施工，位移增长速率变缓并逐渐平衡，由此可知大断面首层开挖卸荷对围岩稳定性影响较大，开挖结束后，反向挑顶方案拱顶位移为提前爬坡方案的 1.3 倍，采用提前爬坡方案变形小，优于反向挑顶方案。

图 2-15 为计算的大断面段各重点步序（大断面一层横向扩挖、大断面二层开挖以及后行洞三车道上台阶开挖等）阶段分部围岩位移云图，直观显示了上述影响围岩沉降的变化规律，即使在每一施工步序，提前爬坡法的分岔隧道变截面围岩沉降小于反向挑顶方案的沉降。

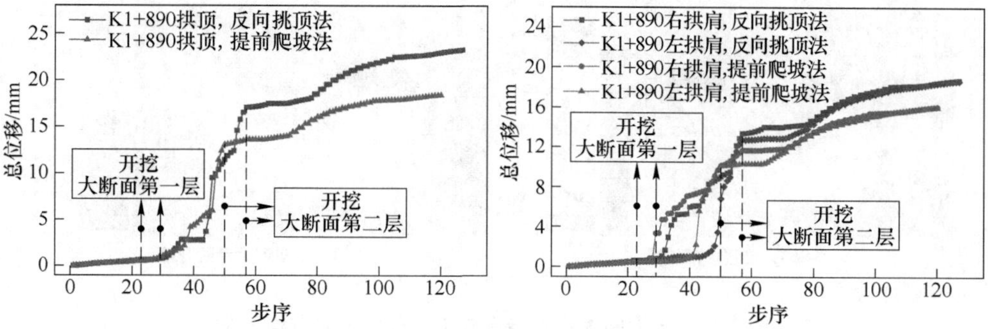

a　　　　b

图 2-14　分岔隧道施工阶段拱顶总位移随施工步序变化曲线

a—大断面拱顶；b—大断面拱肩

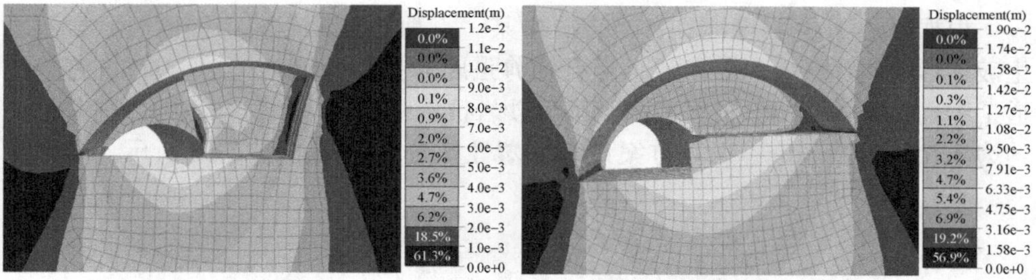

S45：一层横向扩挖　　　　S63：二层右部开挖

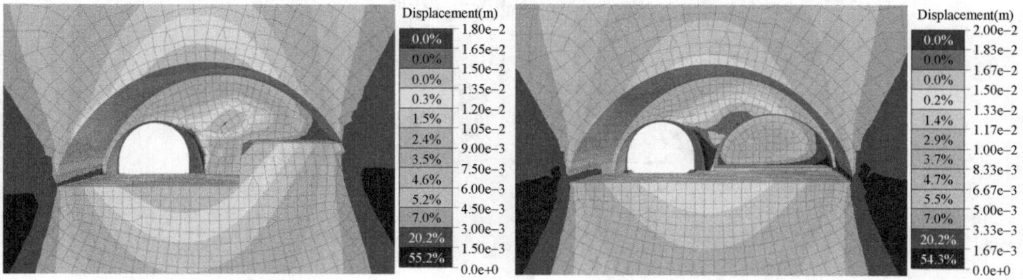

S70：二层中部扩挖　　　　S80：三车道上台阶开挖

a

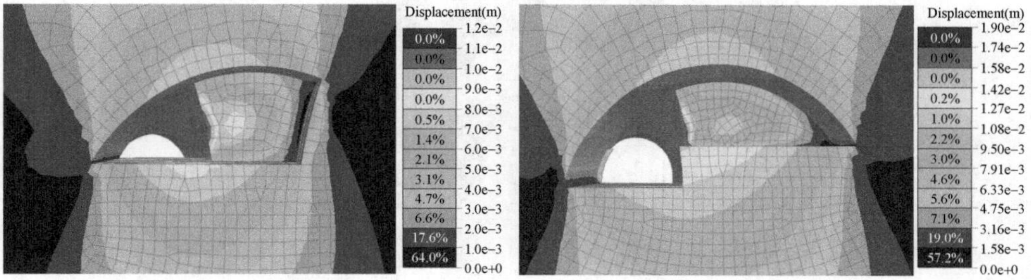

S38：一层横向扩挖　　　　S52：二层右部开挖

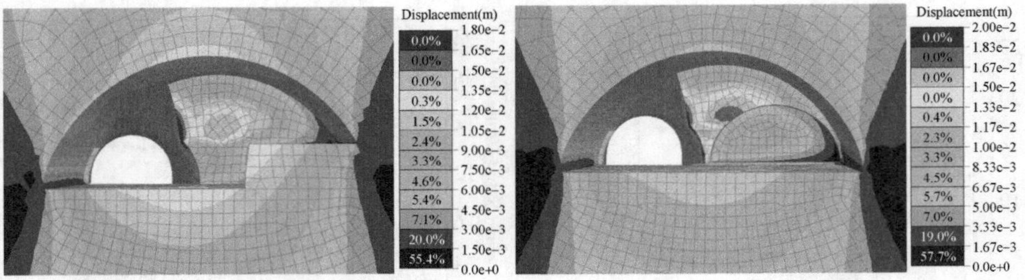

S63：二层中部扩挖　　　　S73：三车道上台阶开挖

b

图 2-15　超大断面重点步序施工过程中围岩位移云图

a—反向挑顶方案；b—提前爬坡方案

2.3.4　不同施工步序下分岔隧道围岩塑性区分布规律

根据摩尔-库仑强度准则，当岩石中某一点剪应力大于剪切强度时，岩石发生破坏形成塑性区。一般来说，岩石抗剪强度为抗压强度的 1/12～1/8。莲塘隧道工程勘探报告指出，该区段内微风化砂岩抗压强度 47. 51 MPa，因此抗剪强度约为 3. 95～5. 94 MPa。两种方案计算的塑性区分布云图如图 2-16 所示，塑性破

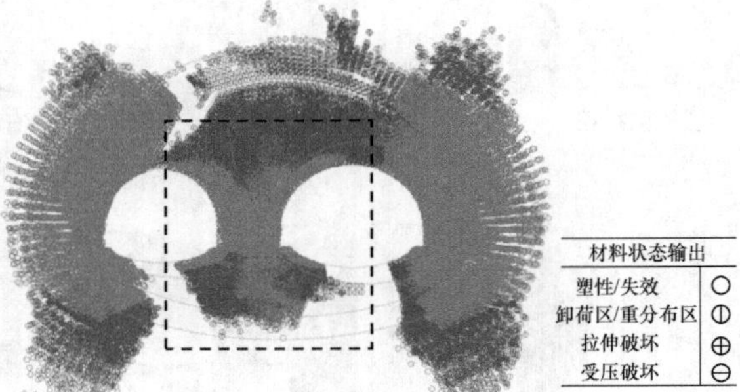

a

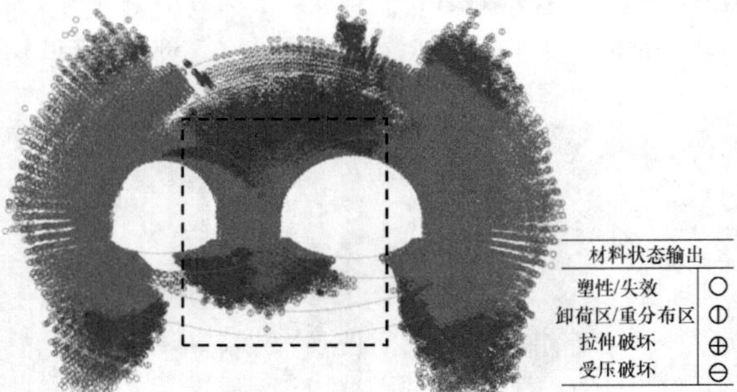

b

图 2-16　分岔隧道施工阶段围岩塑性区分布图

a—提前爬坡方案；b—反向挑顶方案

坏扰动区集中在小净距隧道中夹岩以及超大断面五车道拱腰区域，施工过程卸荷产生的扰动区分布在围岩拱肩和拱腰区域。

中夹岩两侧的最大剪切应力分布如图 2-17 所示，先行洞和后行洞开挖是影响中夹岩稳定性的关键施工步序，在先行洞两车道左侧拱肩（靠近中夹岩）测点，反向挑顶方案施工产生的最大剪切应力为 5.92 MPa，提前爬坡方案为 2.97 MPa；在后行洞三车道右侧拱肩（靠近中夹岩）测点，反向挑顶方案测点处最大剪切应力为 4.80 MPa，提前爬坡方案为 2.62 MPa，因此反向挑顶方案产生的剪切应力超过岩石塑性破坏阈值，对中夹岩的完整性和围岩稳定性构成安全隐患。

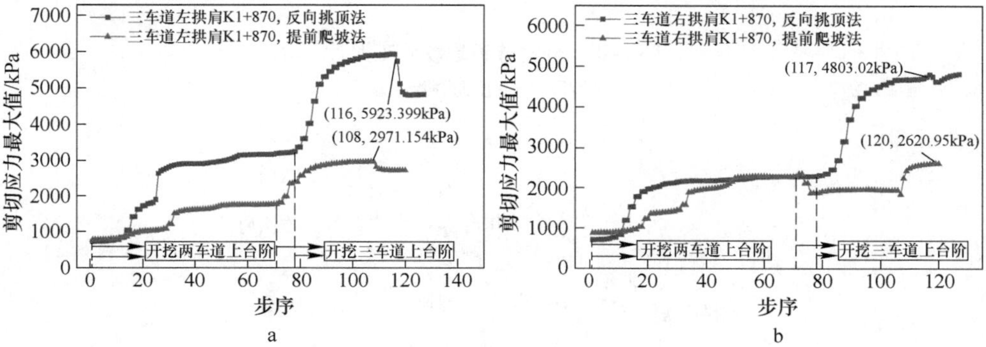

图 2-17 中夹岩 K1+875 两侧测点最大剪切应力随施工步序变化曲线
a—先行洞两车道；b—后行洞三车道

综上所述，通过对比分析两种施工方案的分岔隧道围岩受力、变形和塑性区等分布规律，提前爬坡法均优于反向挑顶法，适用于莲塘分岔隧道变截面过渡施工。

2.4 施工阶段围岩拱顶位移和支护结构受力特性

图 2-18 为莲塘分岔隧道应用提前爬坡法进行变截面过渡施工部分开挖过程图片。施工阶段，将拱顶下沉、洞周净空收敛和支护结构受力作为现场监控量测的基础项目，为隧道安全管理和验证方案合理性提供依据。

2.4.1 现场监控量测方案

针对莲塘分岔隧道特点和施工工序，在满足监测断面布置原则的条件下，对过渡段施工关键步序区间内的隧道变形进行监控量测，每隔 20 m 设置 1 个监测断面，如图 2-19 和图 2-20 所示，分别在先行洞两车道水平开挖段、斜导洞段和超大断面段设置监测断面，测点包括拱顶位移监测点和水平收敛监测点，支护阶段，提前在监测断面拱顶、拱肩、拱腰埋设压力盒和应力计。

a

b

图 2-18　分岔隧道现场施工照片

a—爬坡段；b—反向开挖三车道

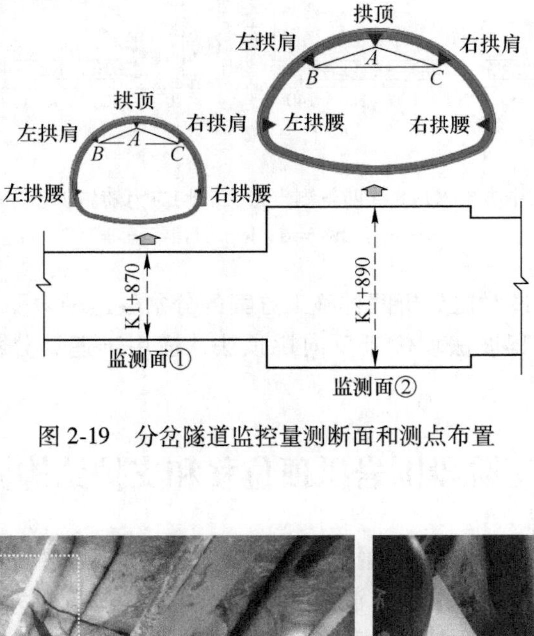

图 2-19　分岔隧道监控量测断面和测点布置

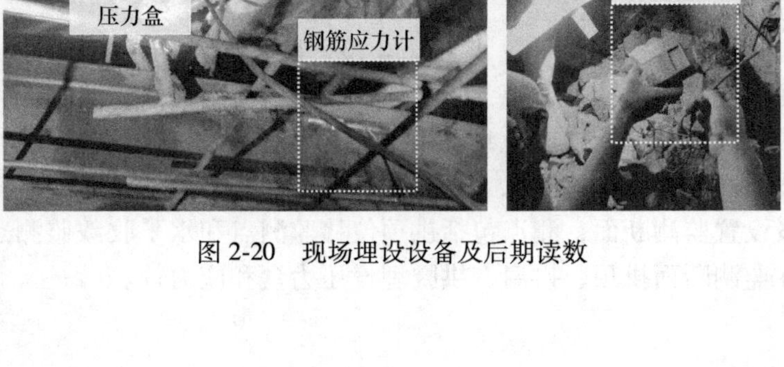

图 2-20　现场埋设设备及后期读数

2.4.2 先行洞小断面隧道区段施工监测结果与分析

2.4.2.1 围岩拱顶下沉及洞周收敛变化规律

监测断面 K1+870 位于先行洞两车道爬坡段，距离分岔隧道交汇面 10 m。从 2018 年 3 月 6 日开始监测。图 2-21a 表明 K1+870 断面拱顶位移量初期呈现变形急剧增长趋势，变形速率大于 1.0 mm/d，开挖 3 天后，拱顶位移量缓慢增长，15 天后达到稳定状态，累积位移量约 8.9 mm，大于数值模拟计算结果，模拟误差为 19.1%。洞周水平收敛累积变形结果如图 2-21b 所示，收敛线 *AB* 和 *AC* 收敛位移较小，不超过 2 mm，水平收敛（*BC*）位移较大，约为 6.0 mm，水平收敛位移同样呈现缓慢增长至基本稳定的趋势，随着二次支护结构跟进而得到抑制。

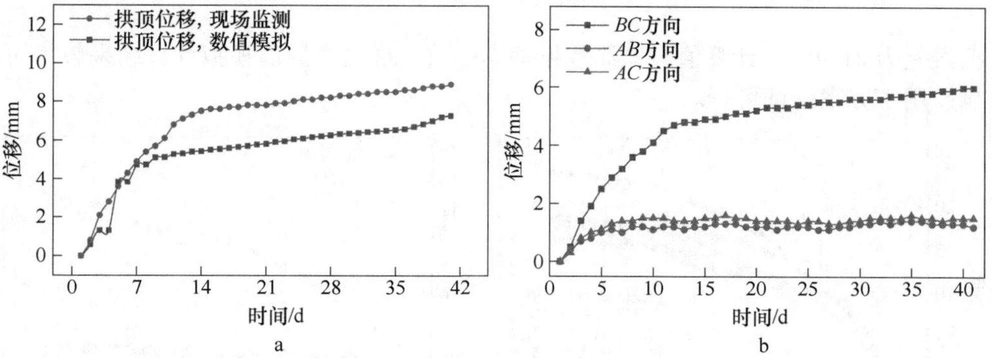

图 2-21 先行洞两车道 K1+870 围岩累积变形及变形速率时程曲线

a—拱顶下沉；b—洞周水平收敛

2.4.2.2 围岩支护结构受力特性

监控量测阶段，将压力盒布设于初期支护与二次衬砌之间读取两车道 K1+870 断面初支与二衬压力数据，五个监测点的压力时程曲线如图 2-22 所示，由于爬坡段上方需通过填充混凝土形成两车道轮廓，因此初期支护与二次衬砌之间压力峰值位于拱顶上方，为 0.58 MPa，达到稳定时间约为 7 天。

2.4.3 超大断面隧道区段施工监测结果与分析

2.4.3.1 围岩拱顶下沉及洞周收敛变化规律

一层反向开挖阶段完成后，分别在监测断面 K1+890 拱顶、拱肩设置测点，得到累积位移随开挖步序增加的时程曲线如图 2-23 所示。大断面段拱顶累积位移增长趋势随着断面开挖面积的增大而持续增加，最大值达 23.7 mm，洞周水平收敛最大值为 13.0 mm，累积位移变化速率最大值为 2.3 mm/d，达到稳定状态时间约 45 天，约为监测断面 K1+870 的三倍。与数值模拟计算结果相比，拱顶下

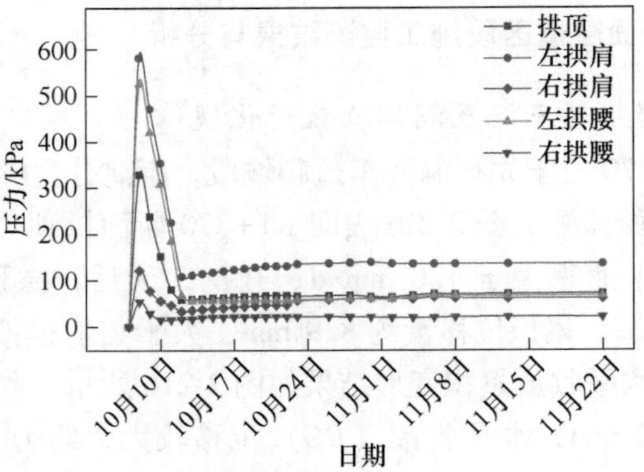

图 2-22　先行洞两车道断面 K1+870 断面初支与二衬压力时程曲线

沉误差为 21.4%，计算值与监测数据基本一致，说明了数值模拟计算结果较为可靠，用于方案论证可行。

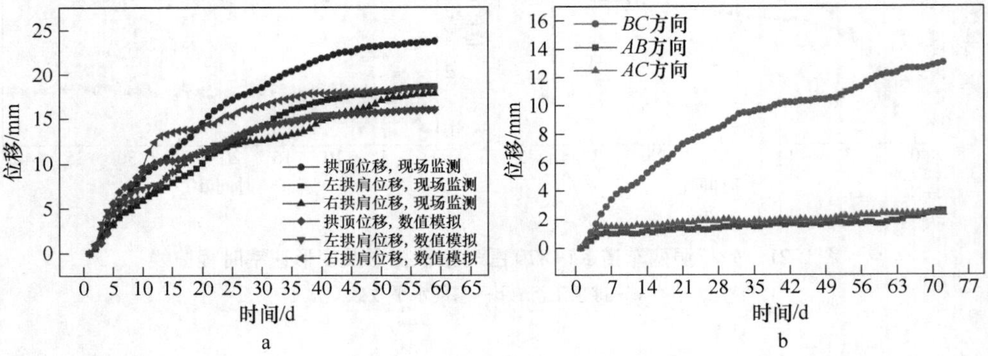

图 2-23　五车道 K1+890 围岩累积变形及变形速率时程曲线

a—拱顶下沉；b—洞周水平收敛

2.4.3.2　围岩支护结构受力特性

大断面监测断面 K1+890 的五个监测点的初支与二衬压力时程曲线如图 2-24 所示，结果显示，初支与二衬压力最大值出现在拱腰位置，最终最大稳定压力值为 0.40 MPa，稳定时间约为 14 天。整体上看，拱腰测点压力呈现急剧增大后逐渐发展到稳定值的变化趋势；拱肩测点压力经缓慢增长后急剧增大至逐渐稳定；然而拱顶测点压力前期增长速率由大变小，到达过程峰值后下降至稳定值。因此支护完成后应加强拱腰区域的监控测量和安全评估。

2.4.4　施工方法合理性评价

隧道变形量是否在容许范围内可验证超大断面隧道施工的合理性，公路隧道

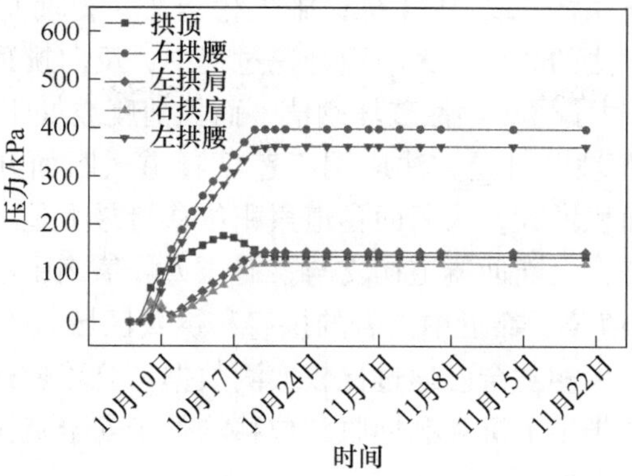

图 2-24 五车道断面 K1+890 断面初支与二衬压力时程曲线

拱顶下沉允许值和位移跨度比容许值由普氏公式和法国关于拱顶下沉的标准计算可得，拱顶下沉允许值 δ 计算公式为：

$$\delta = 12\frac{B}{f^{1.5}} \tag{2-1}$$

式中，f 为普氏系数；B 为洞室跨度，m。

表 2-2 列举了莲塘分岔隧道监测断面拱顶下沉位移极值以及容许值，统计分析可得，拱顶下沉和收敛位移结果均小于容许位移，处于安全允许范围内，监控量测数据验证了隧道施工方案的合理性。

表 2-2 监测断面拱顶下沉位移极值及容许值统计分析

监测区域	监测断面	最大位移/mm	位移跨度比/%	容许位移/mm	坚固性系数 f
两车道	K1+870	8.5	0.067	18.09	4.14
五车道	K1+890	23.7	0.091	42.74	4.14

2.5 本章小结

（1）为解决因断面面积差异和拱顶高差的工序衔接难题，在分析了莲塘隧道分岔部过渡段不同断面的结构特点基础上，本章提出“提前爬坡”的超大断面五车道变截面开挖方法，对比分析了该方法与常规大断面开挖方法的围岩应力变形和塑性区分布规律。莲塘隧道的工程实践表明：提前爬坡法应用于超大断面开挖效果良好。

（2）利用 MIDAS GTS 程序建立了超大断面分岔隧道开挖三维计算模型，分析了常规的“反向挑顶”法与“提前爬坡”开挖法在施工阶段围岩受力变形特性，计算结果显示：施工过程中，反向挑顶方法的大断面段、小净距段围岩拱顶总位移为提前爬坡方法的 1.2~1.4 倍；施工稳定后，提前爬坡方法的拱顶垂直应力约为反向挑顶方法的 3 倍；大断面开挖过程中，反向挑顶方法的中夹岩最大剪应力 5.92 MPa 超过了岩石塑性破坏阈值，而提前爬坡处于安全范围之内。

（3）将“提前爬坡”开挖方法应用于莲塘隧道大断面开挖后，现场监测数据表明：随着开挖面积增大，大断面隧道累积位移量最大值 23.7 mm，约为小净距隧道先行洞的 3 倍；大断面隧道初支与二衬压力峰值集中在两侧拱腰，峰值为 0.4 MPa，两车道峰值位于靠近中夹岩的拱肩和拱腰区域，为 0.58 MPa，统计结果与数值模拟计算结果相吻合。通过比较实测数据与公路隧道容许位移安全阈值可知，分岔隧道围岩拱顶下沉和洞周收敛位移均处于安全范围内，验证了提前爬坡方法的合理性和安全性。

（4）本章研究内容可为类似超大断面隧道变截面施工方法、开挖步序和支护设计提供一定参考。

3 超大断面电子雷管精准爆破技术及参数确定方法

遵循上一章提出的形成超大断面开挖方法，本章将重点解决超大断面开挖过程中，不同阶段的控制爆破技术问题。超大断面控制爆破技术研究的内容包括先进起爆技术的应用、爆破参数设计新方法及现场效果检验。电子雷管作为新型爆破器材，以延时精度高和安全性能好成为大断面隧道控制爆破新技术的理想器材，在大断面隧道爆破中开始应用，然而，电子雷管时间参数精确设置问题尚未解决。针对这一情况，本书基于 Anderson 延时爆破振动合成理论，采用现场单孔爆破实验实测波形作为计算振源，推导出一种适用于超大断面隧道电子雷管爆破的参数确定方法，通过莲塘隧道超大断面隧道现场试验对参数确定方法进行验证。

3.1 超大断面隧道常规爆破存在的问题

莲塘隧道分岔部采用提前爬坡法开挖，使超大断面区段以双侧壁导坑法进行分部开挖，掌子面分为三层共九个分部。首爆区是确保隧道施工安全的重要施工步序，因此，隧道设计要求掌子面前 20 m 振动峰值小于 2.0 cm/s。首爆区常规爆破技术采用导爆管雷管延时爆破，以 MS 作为导爆管雷管起爆段位标识号，起爆网路设计方案如图 3-1 所示，受导爆管雷管段位和延期时间误差限制，为了避免雷管串段，共有 7 个奇数段段位可供使用。其中，掏槽区爆破采用 12 孔同段起爆，同段起爆药量达 25.2 kg。爆后效果如图 3-2 所示，掌子面周边围岩受损严重，出现超欠挖区域，轮廓成型较差。

爆破振动监测仪 TC4850 采集的掌子面前 20 m 爆破振动波形如图 3-3 所示。由图可知爆破振动峰值为 4.63 cm/s，超过设计控制要求 2.4 倍。基于小波变换的时-能密度法识别振动信号延期时间和主频段内的能量密度，绘制出实测爆破振动波形的时-能密度曲线（见图 3-4），曲线上能量峰值出现时间为 22 ms，能量密度聚集区位于 MS1 和 MS3 段位延期时间之间。因此，首爆区常规爆破振动峰值主要集中在掏槽孔和辅助掏槽孔爆破阶段，由于导爆管雷管段位有限，无法满足大断面隧道群孔精准控制技术需求，造成同段起爆药量过大，导致爆破振动超出控制要求、围岩损伤控制效果差。

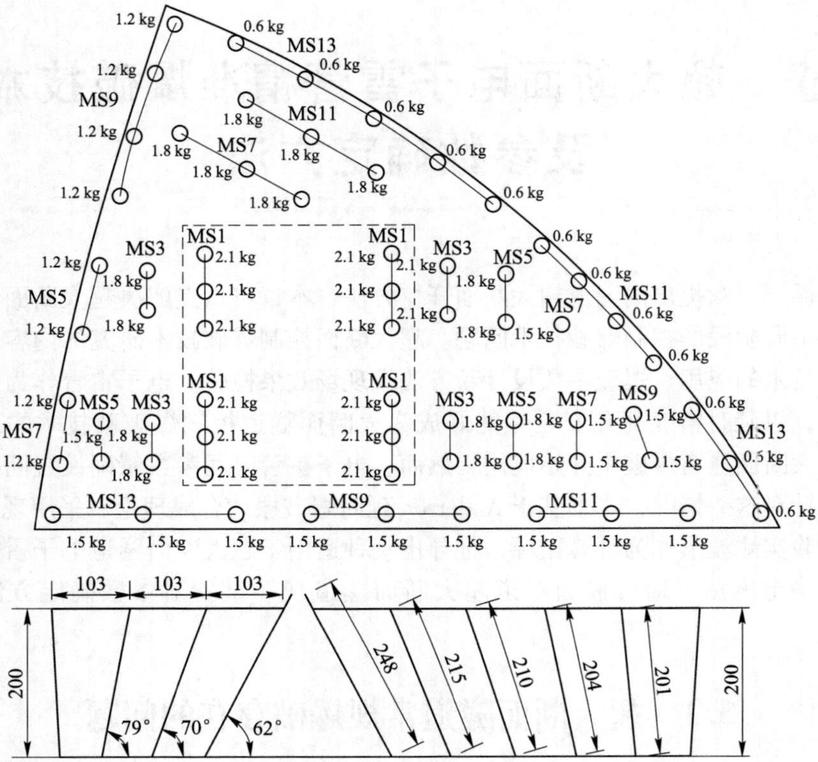

图 3-1　超大断面隧道先行导坑常规爆破方案

图 3-2　爆后掌子面围岩状态

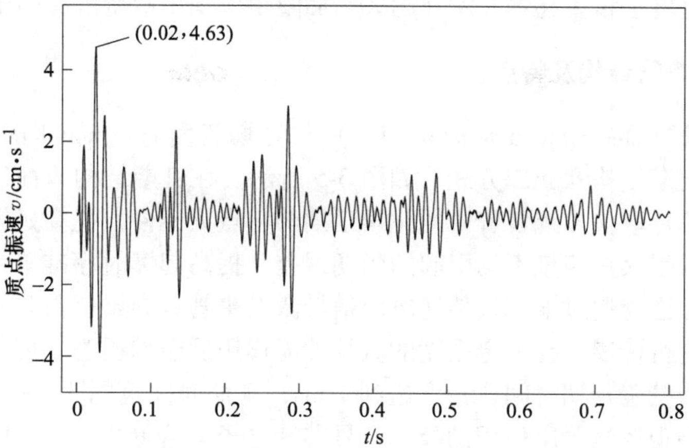

图 3-3 掌子面前 20 m 实测爆破振动波形

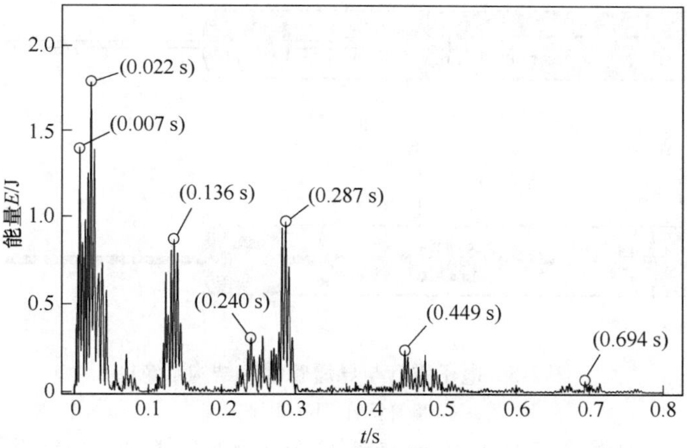

图 3-4 爆破振动波形的时-能密度曲线

由超大断面常规爆破振动监测结果可知，单循环爆破作业炮孔数量多、开挖方量大，常规爆破因雷管段位有限无法控制同段起爆药量，难以实现超大断面高效安全的爆破开挖需求。

3.2 基于电子雷管起爆的超大断面爆破技术与参数确定方法

为了解决莲塘隧道大断面开挖采用常规爆破技术带来的振速超标、围岩损伤过大的问题，确保大断面爆破开挖的安全性，在大断面施工中采用了电子雷管这一新的起爆技术。在了解电子雷管性能特点基础上，如何确定大断面电子雷管爆破设计的时间参数，充分发挥电子雷管人为设置时间、精度高的优势，实现精准控制爆破，是电子雷管起爆技术在超大断面隧道应用中亟待解决的难题。

3.2.1　电子雷管结构及特点

电子雷管（electronic detonator，ED）与导爆管雷管（nonel detonator，ND）的区别在于延期结构和起爆方式，如图 3-5 所示。在延期结构方面，电子雷管利用微型电子芯片取代传统雷管中的化学延期药与点火元件，提高延期精度，减少导爆管雷管因引火头药量不均引起的延期误差，提高起爆时序准确性；在激发信号方面，电子雷管通过铜芯线传递电流信号激发雷管；导爆管雷管则通过导爆管内化学物质进行传爆，在一定强度的激发冲能作用后引爆雷管。因此，电子雷管延期时间更为精确延期时间，精度达到 1 ms，延期时间范围为 0～18000 ms（数据来自于本书现场试验所使用的隆芯一号芯片电子雷管参数）。

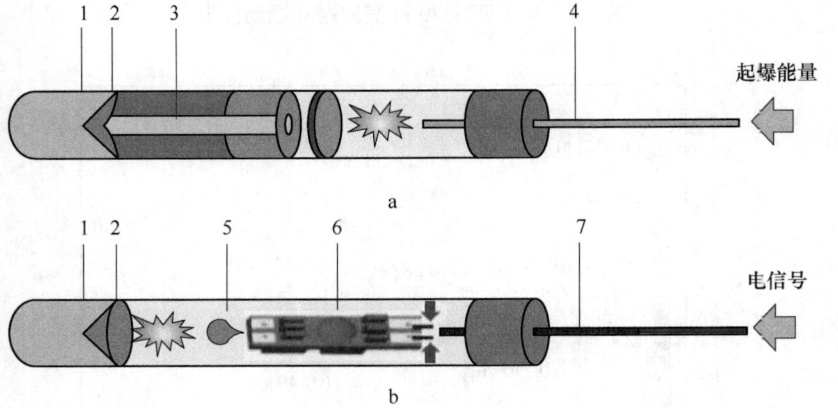

图 3-5　电子雷管与导爆管雷管结构示意图

a—导爆管雷管；b—电子雷管

1—起爆药；2—加强帽；3—延期药；4—导爆管；5—点火原件；6—电子控制模块；7—电线

电子雷管以安全性能高、延期时间精确、时间参数设置灵活等特点，成为控制爆破新技术的首选起爆器材，成功应用于交通、矿山、市政等重点工程，其降振特性得到广泛认可。目前，国内外众多学者和工程师对电子雷管应用实践表明，电子雷管爆破降振优势主要为控制单段起爆药量和振动波干扰降振两个方面。然而，电子雷管延时时间需要通过程序人为设定，如何通过理论分析精确设置隧道群孔爆破电子雷管的延时时间，是发挥其精度优势实现爆破振动控制的关键。

3.2.2　当前隧道电子雷管爆破参数确定方法概述

目前，电子雷管延时时间设置方法主要有以下三类：第一类是根据工程经验确定，通常采用 10 ms 以内短延时、新自由面形成所需要时间进行设计；第二类是试验测试确定，包括不同延时的现场试验、实测波形频谱分析等研究手段，上述方法为定性分析，不具有普遍性；第三类是基于信号理论的计算方法，最早由Anderson在台阶爆破中提出采用单孔爆破波形叠加法计算合成振速，用于台阶爆破的导爆管雷管起爆网路设计，Hinzen和Blair发展了线性和非线性叠加，吴昊骏和龚敏将该方法应用到于预测隧道高精度导爆管雷管爆破振动波形及其振动峰值，最近由刘翔宇等将其应用于隧道电子雷管延期时间确定。

上述研究只给出了振动波叠加的原理，但普通雷管起爆段位是一个时间段，振动叠加结果误差较大，因此应用并不广泛；其次，如何将振源波形实现编程计算、将不同时差、药量下的叠加振速用于参数设计的研究较少；第三，叠加计算方法关键点在于单孔爆破波形的获取、拟合和截取，单孔爆破波形准确性关系到电子雷管毫秒级延期时间计算的精确性，现有研究往往忽略了单孔爆破波形的分析。

为充分发挥电子雷管精度优势。本章在信号理论的基础上，优化单孔爆破实测波形的获取方法，提出一种适用于超大断面隧道电子雷管爆破的参数确定方法，以提高电子雷管延期时间计算方法的准确性。

3.2.3 超大断面隧道电子雷管爆破参数确定方法

电子雷管起爆网路没有导爆管雷管分段起爆的概念，以延期时间间隔长短代替分段，短延时间隔有利于炮孔之间发生协同作用，促进临空面形成和岩石破碎；长延时间隔为分段起爆的段间延时间隔，以保障不同区域的功能孔爆炸作用时间充分。因此，超大断面隧道电子雷管群孔起爆网路时间参数包括孔间延期时间间隔（ΔT_h）和段间延期时间间隔（ΔT_p）两个部分。以上参数确定之后，所有电子雷管延时时间可以由此确定。

3.2.3.1 研究思路

电子雷管时间参数计算思路来自于Anderson提出的波形叠加法，该方法需要精确的单孔爆破波形为基础，适用于预测近爆源距离的爆破振动。但以前很难用于实际工程的振动合成计算，原因在于单孔爆破振动波形精确性难以保障和振源波形叠加计算程序复杂，本书新创方法以实测单孔振动波形为基础，优化了单孔振动波形的拟合、截取、叠加方法，计算得到不同延时间隔对应的预测振动峰值。具体求解方法和步骤为：

（1）根据掌子面初步爆破方案，确定掏槽孔数量及其单孔装药量，在现场开展单自由面、不同药量的单孔爆破试验，利用爆破测振仪采集爆源近区单孔爆破波形（以下简称单孔波形），其中振动峰值在控制要求以下的单孔爆破最大药量，则对应最优掏槽孔药量。

（2）利用快速傅里叶变换（FFT）计算基于最优掏槽孔药量的单孔爆破振动

拟合波形，将离散数据连续化。

(3) 单孔爆破拟合波形的截取，获取波形叠加计算的有效波形。

(4) 以截取的拟合波形作为单孔爆破基础波形，进行多孔叠加得到预测振动波形。

(5) 计算得到不同延时间隔的多孔叠加预测波形，统计预测振动峰值与延时间隔的变化规律，最小值对应的延时间隔作为电子雷管网路的孔间延期时间，峰值振速趋于稳定的延时间隔为段间延时间隔取值。

计算流程图如图 3-6 所示。

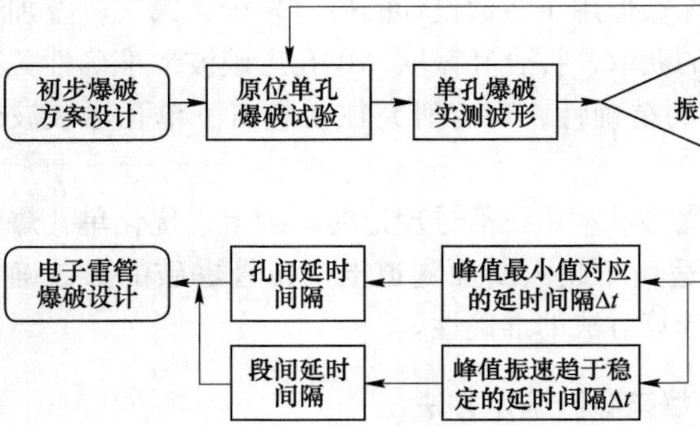

图 3-6　叠加计算流程图

3.2.3.2　单孔爆破试验设计

隧道爆破开挖通常在掌子面中间区域设计一定数量的掏槽孔，为其他炮孔创造双临空面的有利开挖条件，掏槽孔参数设计直接影响其他炮孔的爆破振动控制效果，是隧道爆破开挖的关键。因此，上述电子雷管爆破波形叠加计算所需的单孔爆破试验应在隧道开挖原位掌子面进行，试验孔设置在掏槽区域内，在掌子面近区设置振动监测点，采集单孔爆破振动波形，由此采集的实测波形包含了临空面条件、测点位置、装药量、爆源周围地质条件、爆区环境等信息。单孔爆破试验孔位和振动监测点的示意图如图 3-7 所示。

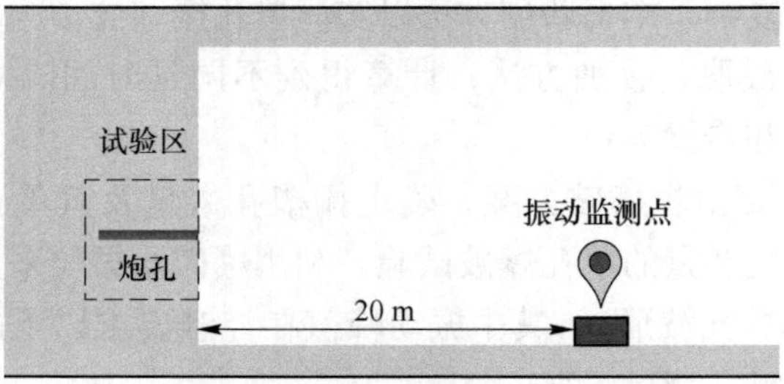

图 3-7　单孔爆破试验设计示意图

3.2.3.3 基于 FFT 计算单孔爆破拟合波形

为了将时域离散的单孔爆破实测波形连续化，以便于波形叠加计算，采用傅里叶级数对单孔波形离散数据点进行拟合，得到单孔爆破波形拟合函数，拟合函数表达式如下：

$$f(t) = a_0 + \sum_{j=1}^{n} a_j \cos j\omega t + b_j \sin j\omega t \tag{3-1}$$

式中，$f(t)$ 为单孔波形的拟合函数；t 为时间；n 为级数；ω 为基频；a_0、a_j、b_j 为拟合系数。

以上拟合系数通过下式计算可得：

$$\begin{cases} \omega = 2\pi / t_0 \\ a_0 = \dfrac{1}{N}\sum\limits_{k=0}^{N-1} g(t_k) \\ a_j = \dfrac{2}{N}\sum\limits_{k=0}^{N-1} g(t_k)\cos\dfrac{2\pi jk}{N} \\ b_j = \dfrac{2}{N}\sum\limits_{k=0}^{N-1} g(t_k)\sin\dfrac{2\pi jk}{N} \end{cases} \tag{3-2}$$

式中，N 为采样点个数；t_0为单孔波形波长时间；k 为分点；t_k 为采样点横坐标；$g(t_k)$ 为采样点纵坐标。

为了使拟合波形在任意叠加时刻均有意义，将式（3-1）扩展到时间全域：

$$f(t) = \begin{cases} 0 & t \leqslant 0 \\ g(t) & 0 < t < t_0 \\ 0 & t > t_0 \end{cases} \tag{3-3}$$

式中，$f(t)$ 为扩展后的单孔波形。

3.2.3.4 利用时-能密度法截取单孔爆破基础波形

通过爆破测振仪采集的爆破振动波形受仪器预设采集时间和触发延迟影响，主频带前后有一定时长的无效波形。主频带前的无效波形会影响叠加计算结果的准确性，主频带后的无效波形将计算程序运行时间。因此，叠加计算前对实测振动的拟合波形 $f(t)$ 进行有效时长截取，如图 3-8 所示。为了准确截取单孔波形的主频段作为基础波形，确定起始时间 t_1 和结束时间 t_2，采用小波变换的时-能密度法进行识别，以能量密度曲线的上升沿和下降沿判断单孔波形主频段持续时间。

根据能量信号理论，波形 $f(t)$ 的能量可定义为：

$$E = \int_R |f(t)|^2 \mathrm{d}t < \infty \tag{3-4}$$

式中，E 为表示时间 R 区间上波形 $f(t)$ 的能量。

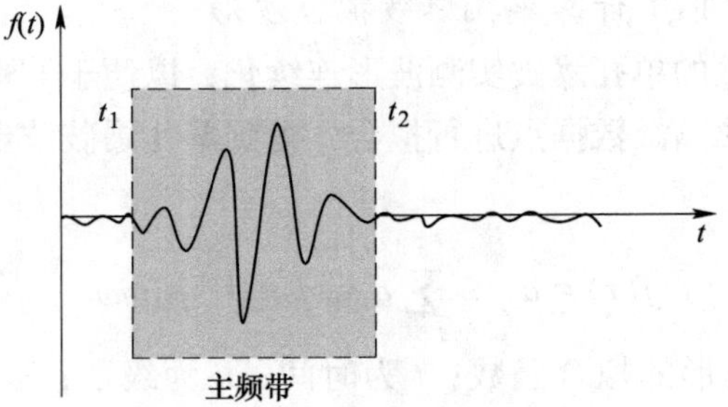

图 3-8 截取单孔爆破基础波形示意图

利用小波分析理论和内积定理同样可以求解波形能量。首先，重构原信号波形，假定小波函数 $\psi(t) \in L^2(R)$，$L^2(R)$ 为能量有限的信号空间。经傅里叶变换为 $\hat{\psi}(\omega)$，需满足以下容许性条件：

$$C_\psi = \int_0^{+\infty} \frac{|\hat{\psi}(\omega)|^2}{\omega} \mathrm{d}\omega < \infty \tag{3-5}$$

满足容许性条件的小波函数 $\psi(t)$ 成为基本小波。

对 $\psi(t)$ 作平移、伸缩可以得到重构的小波序列：

$$\psi_{a,b}(t) = \frac{1}{\sqrt{a}} \psi\left(\frac{t-b}{a}\right) \qquad a > 0, b \in R \tag{3-6}$$

将其进行连续小波变换：

$$W_f(a,b) = \langle f, \psi_{a,b} \rangle = |a|^{-\frac{1}{2}} \int_R f(t) \overline{\psi\left(\frac{t-b}{a}\right)} \mathrm{d}t \tag{3-7}$$

式中，$\langle f, \psi_{a,b} \rangle$ 表示 $f(t)$ 与 $\psi_{a,b}$ 的内积；$\overline{\psi\left(\frac{t-b}{a}\right)}$ 为 $\psi\left(\frac{t-b}{a}\right)$ 的共轭函数。

连续小波变换的逆变换为：

$$f(t) = \frac{1}{C_\psi} \int_{R^+} \int_R W_f(a,b) \psi\left(\frac{t-b}{a}\right) \mathrm{d}a\mathrm{d}b \tag{3-8}$$

根据内积定理，可得：

$$\int_R |f(t)|^2 \mathrm{d}t = \frac{1}{C_\psi} \int_{R^+} \frac{\mathrm{d}a}{a^2} \int_R |W_f(a,b)|^2 \mathrm{d}b \tag{3-9}$$

根据能量密度的概念，将式（3-4）与式（3-9）联立可得：

$$E(b) = \frac{1}{C_\psi} \int_{R^+} \frac{1}{a^2} |W_f(a,b)|^2 \mathrm{d}b \tag{3-10}$$

基于此，通过 MATLAB 软件编写计算程序即可求解出 $f(t)$ 对应的时-能密度曲线，识别出主频带内的波形，截取出基础波形进行叠加计算。

3.2.3.5 不同延时间隔的多孔叠加预测波形计算

基于 Anderson 波形叠加理论，对单孔波形进行线性叠加计算，预测多孔合成波形和不同延时间隔的 PPV。叠加方程如下：

$$F(t,\Delta t) = \sum_{i=1}^{m} f(t-(i-1)\Delta t) \tag{3-11}$$

式中，Δt 为延期时间间隔；$F(t,\Delta t)$ 为叠加得到的预测波形函数；m 为叠加波形数量。

通过式（3-11），得到不同延期时间间隔 Δt 对应的多孔叠加计算波形，将时间与计算波形峰值的曲线（$\Delta t - F(t,\Delta t)_{max}$）作为叠加降振效果的判断依据，以此确定隧道爆破电子雷管时间参数的最优取值。

3.2.3.6 电子雷管延时间隔的确定

基于上文电子雷管降振原理和波形叠加计算原理，则有如下定义（如图 3-9 所示）：使单孔波形经多孔叠加产生振动峰值变化的 Δt_{short} 为短延时间隔，电子雷管孔间延期时间间隔 Δt_h 为 $F(t,\Delta t)_{max}$ 集合最小值对应的 Δt；叠加后振动峰值趋于平衡的 Δt_{long} 为长延时间隔，电子雷管段间延期时间间隔 Δt_p 的取值则处于长延时间隔和波长时间之间。如下式所示：

$$\begin{cases} \Delta t_h = \min(\Delta t, F(t,\Delta t)_{max}) & 0 < \Delta t < \Delta t_{short} \\ \Delta t_p \in [\Delta t_{long}, \Delta t_{wave}] \end{cases} \tag{3-12}$$

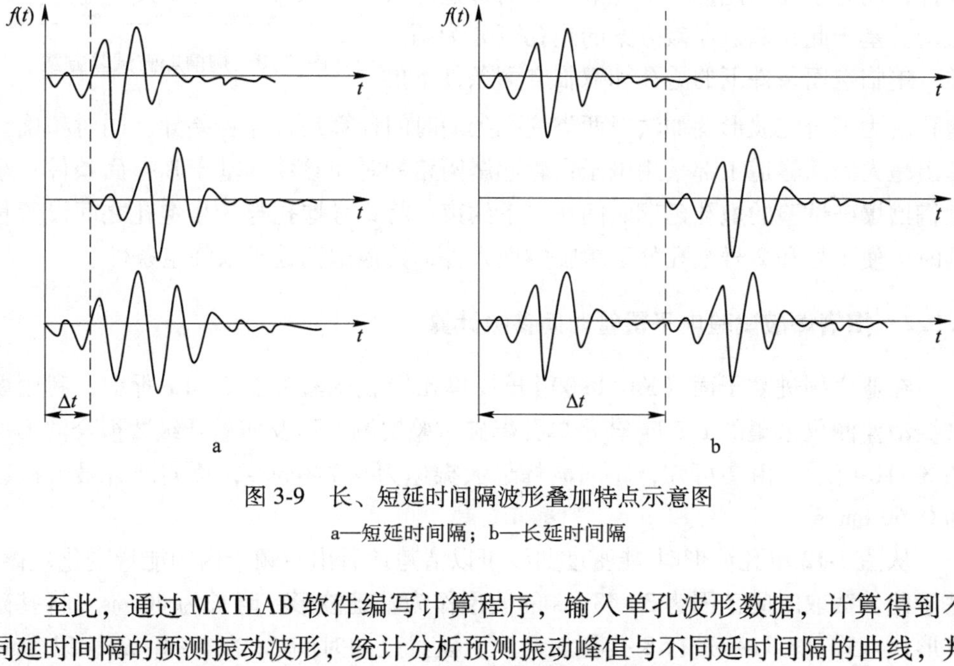

图 3-9 长、短延时间隔波形叠加特点示意图
a—短延时间隔；b—长延时间隔

至此，通过 MATLAB 软件编写计算程序，输入单孔波形数据，计算得到不同延时间隔的预测振动波形，统计分析预测振动峰值与不同延时间隔的曲线，判断振动峰值变化规律，即可得到电子雷管逐孔起爆网路的时间参数。

3.3　基于电子雷管参数确定方法的原位掏槽爆破验证试验

前面章节对波形叠加计算方法求解电子雷管孔间延时间隔和段间延时间隔的思路和步骤进行了阐述，该方法与现场试验结合紧密，基础数据来源于现场试验采集的单孔爆破振动波形。因此，为了精确计算出超大断面隧道先行导坑电子雷管爆破设计时间参数，在施工掌子面开展原位掏槽爆破试验，分析波形叠加计算方法的准确性。

3.3.1　掏槽爆破炮孔布置方案

如图 3-10 所示，原位掏槽爆破试验采用双排楔形掏槽布孔方式，设置炮孔 8 个，单孔深度为 2.52 m，装药量为 1.2 kg，因此，设置单孔爆破试验的孔深和装药量与掏槽孔相同，且在单临空面条件下开展单孔试验。

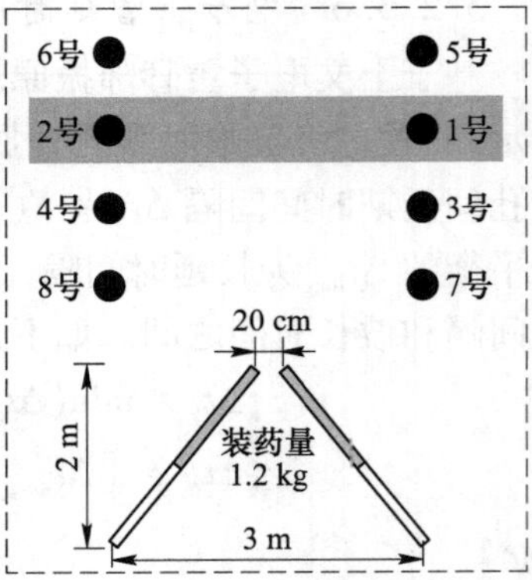

图 3-10　掏槽爆破试验方案

已有研究表明掏槽爆破起爆 54 ms 后将形成第二临空面，即前两个起爆的炮孔发生协同作用形成裂隙，临空面将为后续炮孔提供有利的抛掷条件，同时使爆炸能量产生耗散，从而降低爆破振动。基于此，隧道爆破方案的炮孔可分为两大类：单临空面条件下的炮孔和双临空面条件下的炮孔。为了研究波形叠加法对两类炮孔延期时间计算是否存在差异，同时精确计算出超大断面隧道Ⅰ部采用电子雷管起爆网路的时间参数，基于临空面条件对小型掏槽爆破试验的炮孔延期时间作以下约束：将 2 号炮孔与 3 号炮孔之间设置长延时，使 1 号和 2 号炮孔处于单临空面条件，其他炮孔处于双临空条件。

3.3.2　掏槽爆破试验电子雷管时间参数计算

在隧道掘进掌子面（K1+890）开展单孔爆破试验如图 3-11a 所示，利用爆破振动监测仪采集的 1.2 kg 药量单孔爆破试验实测波形及傅里叶级数拟合波形如图 3-11b 所示，由图可知，正向波峰最大振速为 0.74 cm/s，负向波谷最大振速为 0.60 cm/s。

从图 3-12 单孔波形时-能密度曲线可以清楚地看出主频带内的能量变化规律，基于此，截取时间范围为 3~43 ms 的波形作为基础波形，时长为 40 ms。将基础波形代入式（3-11）进行 8 孔叠加计算，设置延期时间 Δt 为 1~40 ms，以 1 ms 为增量。

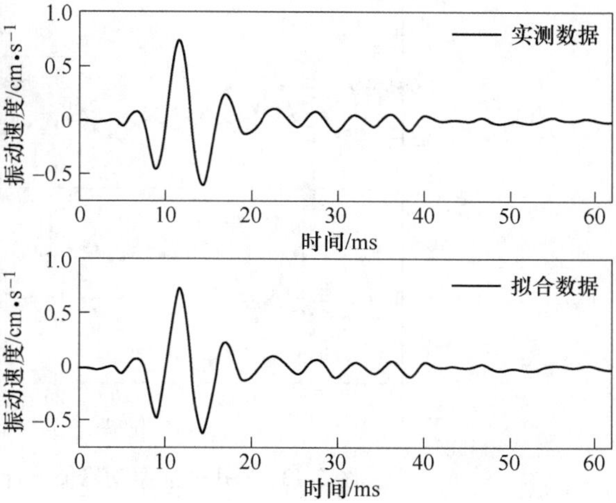

图 3-11 1.2 kg 单孔爆破试验及振动波形分析

a—现场单孔爆破试验；b—单孔爆破实测、拟合波形

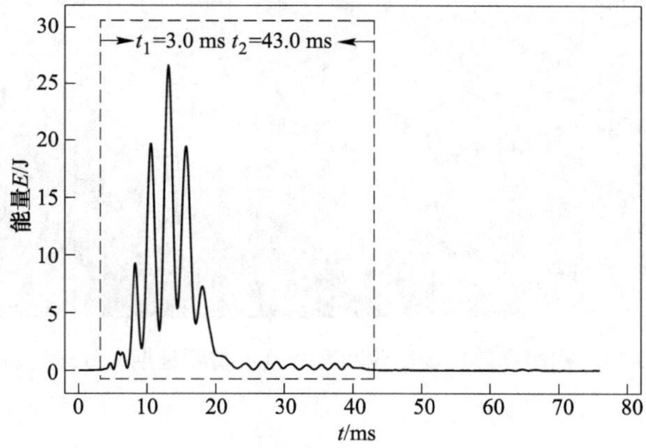

图 3-12 1.2 kg 单孔波形时-能密度曲线

对截取的单孔爆破基础波形进行 8 孔掏槽叠加计算，得到 40 组不同延期时间的合成峰值振速如图 3-13 所示。由图可知，延期时间间隔为 0~24 ms 时，合成峰值振速有显著差异，而在 24~40 ms 范围内，合成峰值振速曲线趋于平稳，随着延期时间间隔增加，合成波形的峰值振速不再变化。因此，确定 6 ms 短延时作为掏槽爆破试验电子雷管孔间延期时间间隔，选取 24 ms 长延时作为段间延期时间间隔。

根据上述计算结果，确定掏槽爆破试验孔内电子雷管起爆时间参数，如图 3-14 所示，2 号炮孔与 3 号设置 24 ms 延时时间间隔，其他炮孔延时时间间隔均设置为 6 ms。

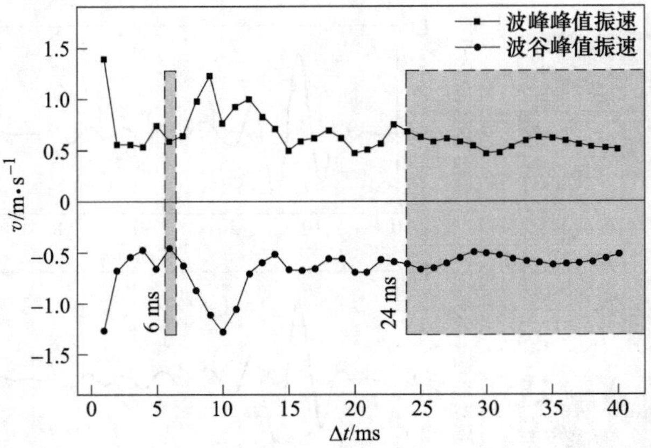

图 3-13 8 孔叠加振动峰值统计曲线

（$\Delta T_h = 1 \sim 40$ ms）

图 3-14 掏槽爆破现场试验断面及电子雷管延期时间设置方案

3.3.3 掏槽爆破试验振动监测结果分析

利用爆破振动监测仪采集的实测波形和叠加计算得到的预测波形如图 3-15 所示，对比两条曲线可知，1 号和 2 号炮孔在单临空面条件下爆炸，因此拟合波形与实测波形峰值振速吻合程度高，实测波峰振动峰值、波谷振动峰值与预测值高度吻合。3 号~8 号炮孔在双临空面条件下爆炸，从图 3-15 中可以看出 1 号和 2 号炮孔爆炸协同作用大约 33 ms 之后，为后续炮孔创造了临空面条件，使实测波形振动峰值小于拟合波形，相比较，振动峰值下降 46.1%，与现有双临空面降振 50%的结论一致。结果表明设置段间延期时间间隔的必要性，通过合理设置电子雷管孔间和段间延期时间有利于掏槽孔爆破协同作用，采用上文提出的时间参数确定方法，可以精确求解隧道爆破电子雷管爆破时间参数，并实现良好的降振效果。

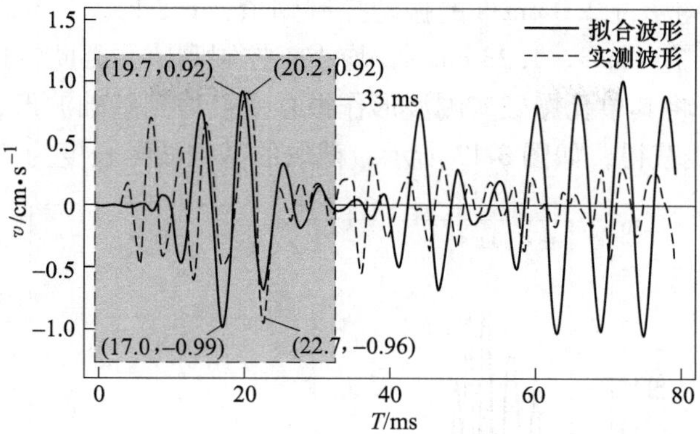

图 3-15　掏槽爆破试验拟合波形与实测波形对比

3.4　超大断面隧道电子雷管爆破技术及应用

3.4.1　超大断面隧道电子雷管爆破参数确定

如前所述，基础波形与叠加孔数将影响电子雷管延期时间间隔的取值，在设计有振动控制要求的隧道电子雷管爆破技术时，首先需要明确掏槽孔单孔药量、孔数和振动控制要求，以此作为单孔爆破试验方案设计依据。基于超大断面隧道Ⅰ部常规爆破技术，以掏槽孔药量2.1 kg作为基准，设置四组单孔爆破试验，装药量分别为1.5 kg、1.8 kg、2.1 kg和2.4 kg，每组试验装药量相差为0.3 kg，为实际施工使用的单药卷炸药量，以便于试验开展和数据计算。实测四组爆破试验掌子面前20 m振动波形如图3-16所示。

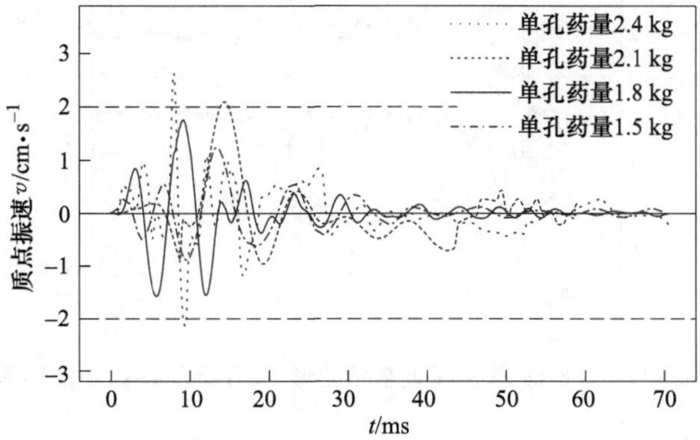

图 3-16　四组单孔爆破试验实测波形图

从图3-16可知，2.1 kg和2.4 kg药量的单孔爆破峰值振速分别为2.09 cm/s

和 2.76 cm/s，均超过 2.0 cm/s 的振动控制阈值；1.8 kg、1.5 kg 药量的单孔爆破峰值振速为 1.76 cm/s、1.23 cm/s，均小于控制阈值，因此，选取 1.8 kg 作为掏槽孔装药量，将其单孔爆破实测波形作拟合变换得到基础波形，基础波形长度由时能-密度曲线获得，如图 3-17 所示，截取的基础波形长度为 56 ms。

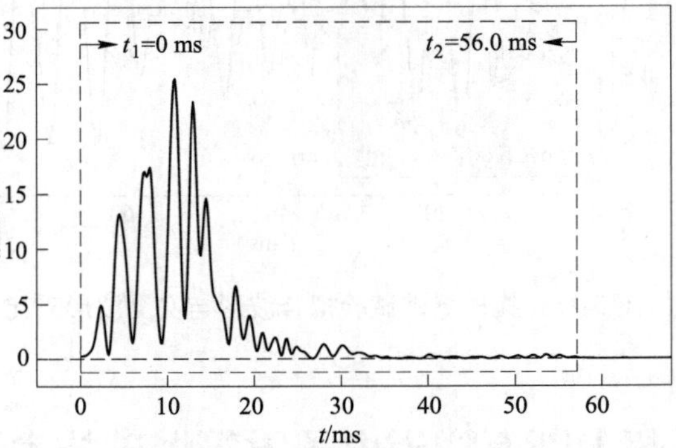

图 3-17　1.8 kg 单孔波形时能-密度曲线

对 1.8 kg 单孔爆破基础波形进行叠加计算，得到 1~50 ms 范围内的 12 孔预测峰值，结果如图 3-18 所示，当 $\Delta t=4$ ms 时，波峰峰值振速最小，为 1.23 cm/s，且波谷峰值振速位于控制阈值范围内，为 1.45 cm/s，故将 4 ms 作为电子雷管孔间延期时间间隔 Δt_h。当 Δt 处于 33~48 ms 范围时，波峰、波谷振动峰值区域平稳，不随时间的改变而增加，因此，得到电子雷管段间延期时间间隔 Δt_p 的取值范围为 33~48 ms。

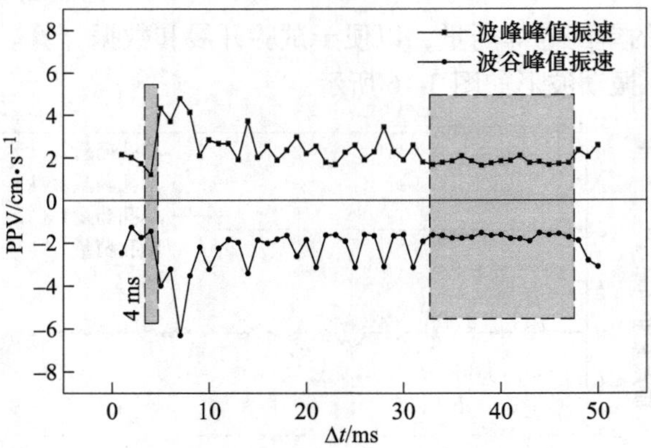

图 3-18　1.8 kg 单孔爆破基础波形 12 孔叠加计算峰值预测

3.4.2　超大断面隧道电子雷管起爆网路时间规划

基于上述电子雷管时间参数计算结果，对大断面 I 部全断面进行电子雷管爆破设计，方案如图 3-19 所示，根据掏槽孔单孔药量将爆破循环进尺设置为 2.0 m，掏槽孔长度为 2.59 m，装药系数为 0.7。电子雷管孔间延期时间间隔为 4 ms，段间延期时间设置为 40 ms，全断面爆破时间为 628 ms，与导爆管雷管 MS13 段位的延期时间相当。基于此，设计出大断面隧道第一层掌子面电子雷管爆破方案设计如图 3-20 所示。

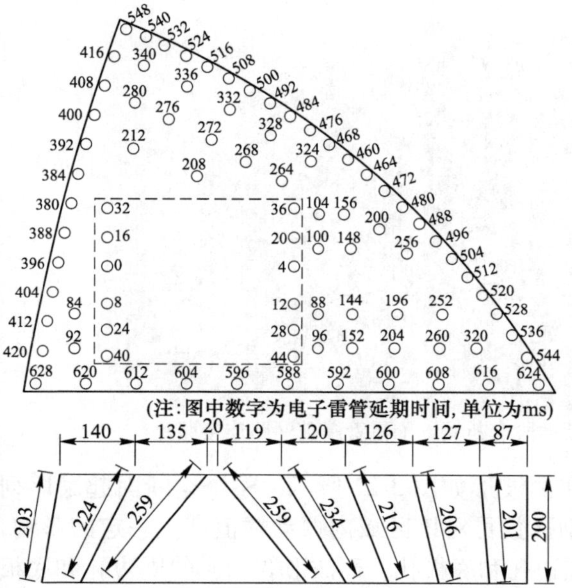

炮孔	时间范围/ms	单孔装药量/kg
掏槽孔	0～44	1.8
辅助掏槽孔	84～156	1.5
崩落孔	196～340	1.2～1.5
左侧周边孔	380～420	0.6
右侧周边孔	460～548	0.4
底板孔	588～628	1.2

图 3-19　大断面 I 部电子雷管爆破方案设计图

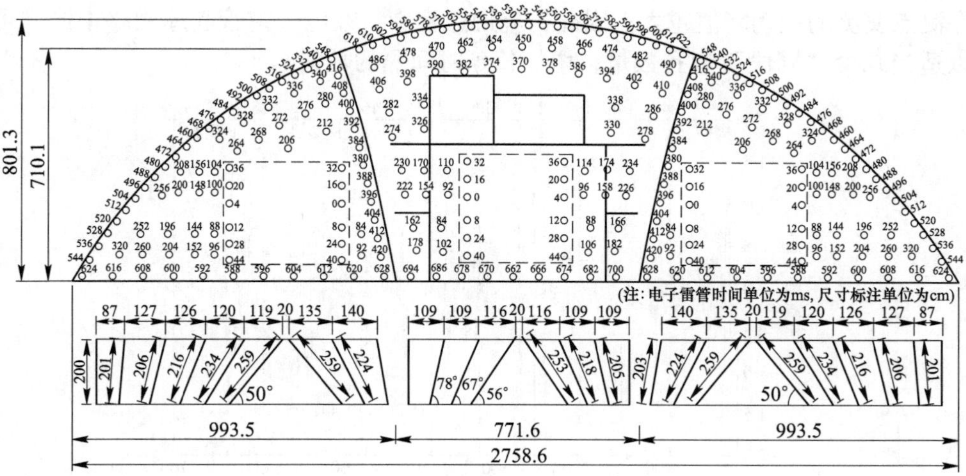

图 3-20　大断面隧道第一层掌子面电子雷管爆破方案设计图

3.4.3　超大断面隧道电子雷管爆破振动效应分析

在大断面隧道Ⅰ部掌子面开展电子雷管爆破试验现场图片如图 3-21 所示，试验前在断面上标记孔位以保证钻孔质量。由于全断面爆破使用的电子雷管数量较多，为了便于编码设置电子雷管时间，以钻孔台车划分掌子面区间，分区间设置电子雷管的编号和时间。

图 3-21　莲塘隧道超大断面段全断面电子雷管爆破网路连接照片

电子雷管爆破典型爆破振动实测波形如图 3-22 所示，整个全断面起爆序列中，不同时间段（段位）所包含炮孔数目对该区域内振动峰值产生一定的影响，如实测振动波形①和②峰值位于周边孔和底板孔，而波形③和④的周边孔和底板孔区间峰值与波形峰值相差不大，一方面，相同条件下同一时间段起爆孔数越多，发生起爆时间误差的概率越大，对产生的叠加振动峰值影响越明显；另一方面，底板孔与周边孔与测点位于同一水平面，与测点空间距离最近，造成该区段在测点实测的振动峰值越大。因此，应用过程中，在电子雷管起爆网路中同样可以适当减少“同段”炮孔数量，增加长延时间隔的数量。

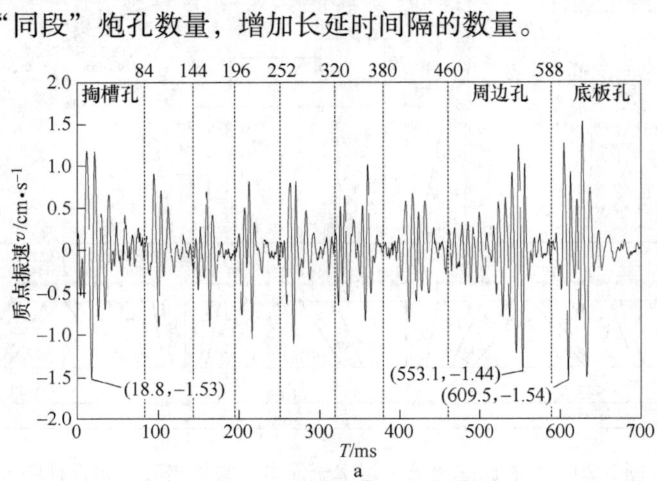

a

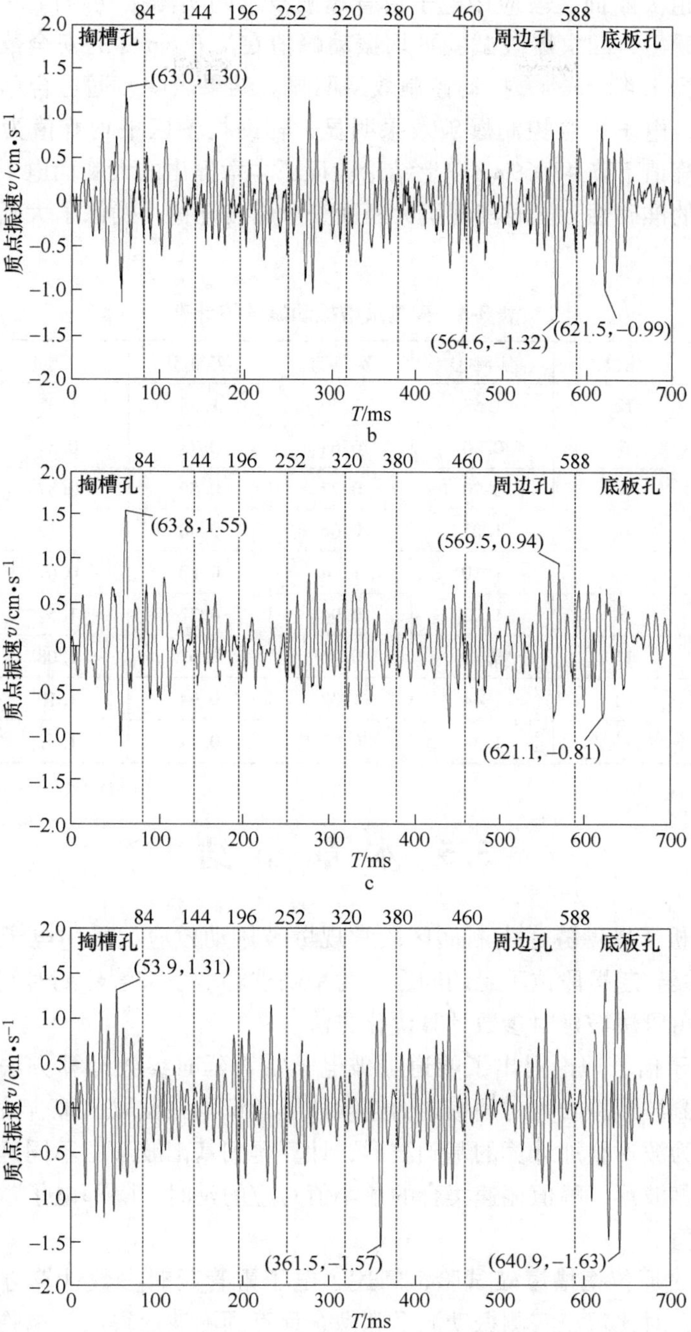

图 3-22 莲塘隧道超大断面爆破振动监测波形

a—实测振动波形①；b—实测振动波形②；c—实测振动波形③；d—实测振动波形④

莲塘隧道大断面区段应用电子雷管爆破技术的实测振动峰值如表 3-3 所示，从表中可以看出，四次爆破试验平均振动峰值在 2.0 cm/s 的安全范围内，峰值振速平均值为 1.42 cm/s，振动控制效果明显。结果表明，通过合理设置电子雷管时间参数，电子雷管控制爆破效果明显；辅助掏槽区平均峰值为 0.73 cm/s，同比掏槽区峰值下降 48.6%。以上结论验证了本章提出的大断面电子雷管爆破参数确定方法的准确性，同时实现了大断面安全爆破开挖，确保了大断面围岩的稳定性。

表 3-3　实测爆破振动峰值统计表

序列	孔数	实测①	实测②	实测③	实测④	平均峰值
0~40	12	1.53	1.30	1.55	1.31	1.42
84~104	6	0.90	0.68	0.78	0.54	0.73
144~156	4	0.90	0.77	0.59	0.87	0.78
196~216	6	1.05	0.66	0.48	1.13	0.83
252~280	8	1.10	1.14	0.88	0.67	0.95
320~340	6	1.02	0.94	0.72	1.57	1.06
380~420	11	0.85	0.76	0.93	1.08	0.91
460~548	23	1.44	1.32	0.94	1.10	1.20
588~628	11	1.54	0.99	0.81	1.63	1.24

3.5　本章小结

（1）分析了莲塘隧道大断面区段常规爆破振动效应，采用电子雷管爆破技术解决常规爆破起爆段位不足的问题。为精确求解电子雷管延期时间参数，提出了隧道电子雷管爆破延时参数计算优化方法。

（2）基于信号理论提出了隧道爆破电子雷管延时参数计算方法，将离散的单孔爆破实测波形拟合为时间域内的连续波形，识别并截取出拟合波形的有效区段，以此作为波形叠加计算的基础波形，计算得到基础波形的不同延期时间间隔多孔叠加预测波形，峰值振速集合的最小值对应的延时间隔即电子雷管最优延期时间间隔取值。

（3）通过原位掏槽爆破试验，阐述了电子雷管延时参数计算方法求解延时间隔的过程，对比现场实测振动波形和拟合计算预测波形得出，单临空面条件下拟合波形与实测波形峰值振速吻合程度高，形成临空面后振动峰值下降 46.1%，结论表明电子雷管孔间和段间延期时间有利于掏槽孔爆破协同作用，验证了电子雷管延时参数计算方法的准确性。

（4）在莲塘隧道大断面区段掌子面成功应用了全断面电子雷管逐孔爆破技术，根据电子雷管延时参数计算优化方法，计算得到起爆网路中孔间、段间延时间隔分别为 4 ms 和 40 ms，爆后掌子面前 20 m 实测爆破振动峰值平均值为 1.42 cm/s，爆破振动控制效果明显。

4 分岔隧道小净距区段开挖方法研究

前面章节研究了莲塘隧道分岔部超大断面区段爆破开挖方法和安全技术，本章重点解决小净距区段后行洞爆破开挖安全分区问题。小净距区段双洞最小间距仅为 0.5 m，后行洞爆破荷载过大将严重影响中夹岩柱的稳定性。为了研究后行洞爆破开挖安全分区，将小净距隧道双洞问题看作双连通域问题，基于等代圆法和 Schwarz 交替法分析不同缓震层厚度对围岩受力的影响，确定后行洞安全分区的几何参数，建立后行洞时空分区和振动控制指标。

4.1 小净距区段断面结构特点

小净距隧道区段结构示意图如图 4-1 所示，先行洞与后行洞呈现非平行、不对称的“燕尾”结构，双洞呈 10°夹角，最小间距为 0.5 m。中夹岩柱厚度随着里程的增加而增大，在现有的小净距隧道分级标准中，0.5 m 宽度属于超小间距。根据小净距隧道双洞最小净距范围 1 m~1.5*B*（*B* 为隧道跨度）的定义，小净距区段位于桩号 SLK1+879~SLK1+808.08 区间内，长度为 70.92 m，后续里程以分离式隧道进行爆破分区设计。

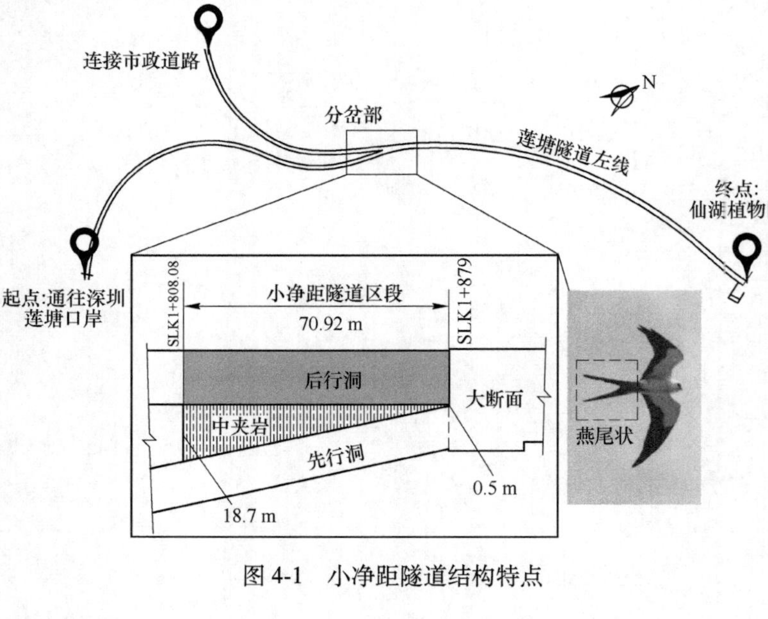

图 4-1 小净距隧道结构特点

图 4-2 描绘了小净距隧道双洞断面结构。其中，后行洞为标准三车道，断面形状为三心拱结构，跨度、高度分别为 15.7 m 和 11.08 m，开挖面积为 139.5 m^2，在ITA 隧道断面分类标准中同属超大断面隧道。中夹岩柱左侧为先行洞空间，由先行洞支护结构保障其稳定性；右侧与待开挖的后行洞接触，爆破荷载直接作用于中夹岩柱。一旦后行洞爆破振动失去控制，后行洞爆破荷载将击穿中夹岩柱，将导致中夹岩出现片帮、垮塌等安全问题，影响超大断面分岔围岩稳定性。

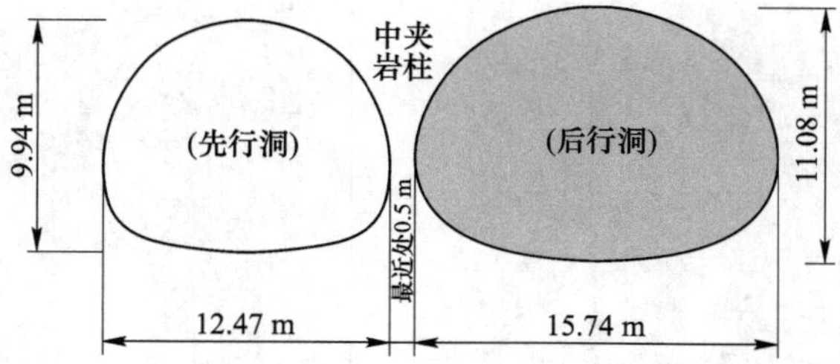

图 4-2 小净距隧道断面结构示意图

小净距区段最大的结构特点在于双洞间距小，施工力学行为复杂，双洞爆破开挖时，围岩应力场和变形场相互影响。当双洞间距过小，相互影响范围发生重叠，中夹岩柱形成累积损伤，后行洞爆破荷载产生的围岩松弛区影响范围甚至会威胁中夹岩柱的稳定性，使其失去原岩自稳能力。目前，小净距隧道双洞最小净距设计值为 1 m，间距小于 1 m 的小净距公路隧道工程案例较少，缺乏同类工程的研究主题。为了研究莲塘隧道后行洞爆破开挖分区对中夹岩柱的影响，以 LS-DYNA 动力学分析软件为手段，研究后行洞爆破荷载对中夹岩柱损伤的机理，作为后行洞爆破开挖安全分区的理论依据。

4.2 后行洞爆破荷载作用于中夹岩柱的损伤机理

中夹岩柱是小净距隧道重要组成部分，在两条隧道中间起到支撑和加固的作用。当隧道采用钻爆法开挖时，爆破振动对中夹岩柱产生累积损伤，导致其力学性能下降，对隧道结构稳定性造成威胁。林从谋对小净距后行隧道爆破振速进行监测，结果表明小净距隧道爆破开挖对中夹岩柱的影响主要来自后行隧道，后行隧道爆破时先行隧道靠近中夹岩柱侧的振动速度为远离中夹岩柱侧的 5~10 倍。

4.2.1 多临空面炮孔爆破荷载对围岩的损伤过程

隧道爆破过程中，掏槽爆破产生的岩体空腔将增加功能孔的临空面数量，尤其是周边孔爆破，因此，单临空面炮孔通常指掏槽孔，其他功能孔（辅助掏槽孔、辅助孔、周边孔等）则为双临空面条件。光面爆破正是合理利用辅助孔产生的临空面条件，减小炮孔装药量和炮孔间距，利用应力波叠加使爆后产生半孔痕效果。为了比较不同临空面条件下单孔爆破荷载对岩石的损伤过程，以隧道爆破常用的 ϕ40 mm 炮孔为依据建立单孔爆破计算模型，如图 4-3 所示，利用动力学计算软件 LS-DYNA 对不同临空面数量下单孔爆破周边岩石损伤过程进行模拟计算。

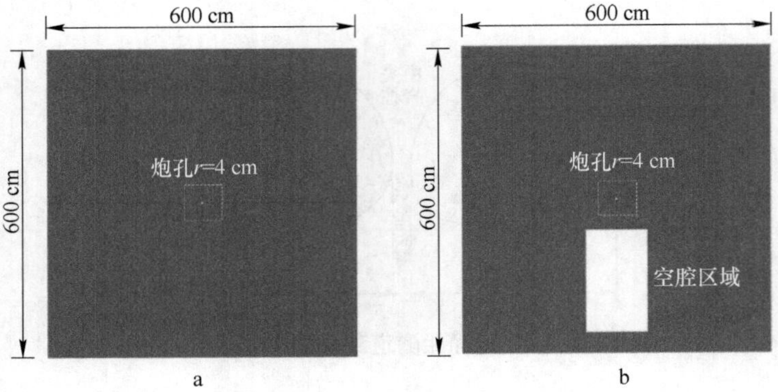

图 4-3　单孔爆破裂隙扩展二维计算模型

a—半无限岩体的单孔爆破模型；b—含空腔岩体的单孔爆破模型

计算结果如图 4-4 和图 4-5 所示，在半无限岩体和含空腔岩体中，单孔爆破形成的粉碎区和裂隙区范围大小相同，分别为 0. 06 m 和 1. 23 m，然而，在破碎区范围内，含临时空腔的计算模型结果中的裂隙数量明显少于半无限岩体，且在临时空腔侧由于应力波反射使裂隙密集度明显大于半无限岩体，最终在临时空腔侧形成漏斗。

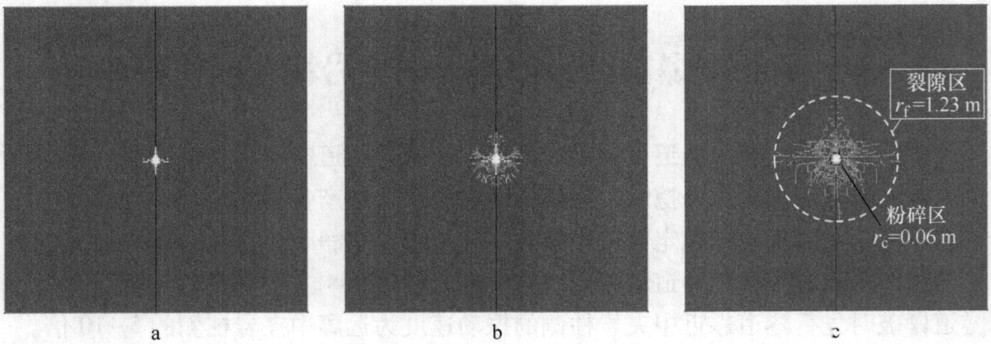

图 4-4　半无限岩体中单孔柱状药包爆炸荷载作用边界云图

a—t = 100 μs；b—t = 160 μs；c—t = 400 μs

根据上述结论，绘制出小净距隧道后行洞周边孔爆破荷载对中夹岩柱的作用

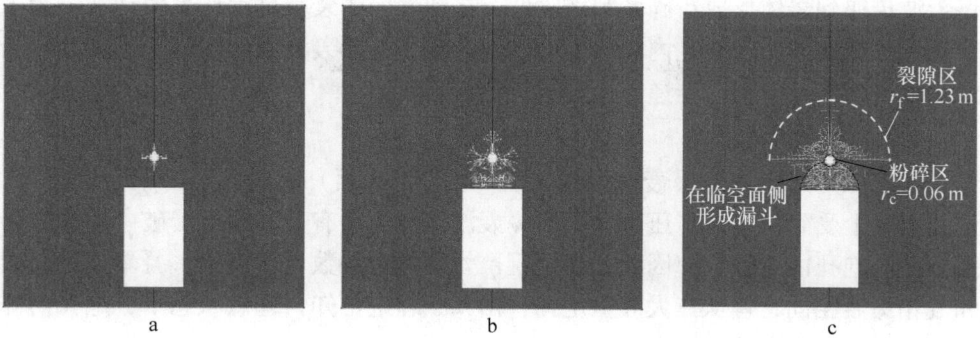

图 4-5 双临空面单孔柱状药包爆炸荷载作用边界云图

a—t=100 μs；b—t=160 μ；c—t=400 μs

过程示意图（见图 4-6），周边孔两侧临空面由先行洞空间和后行洞爆破产生的临时空腔组成。

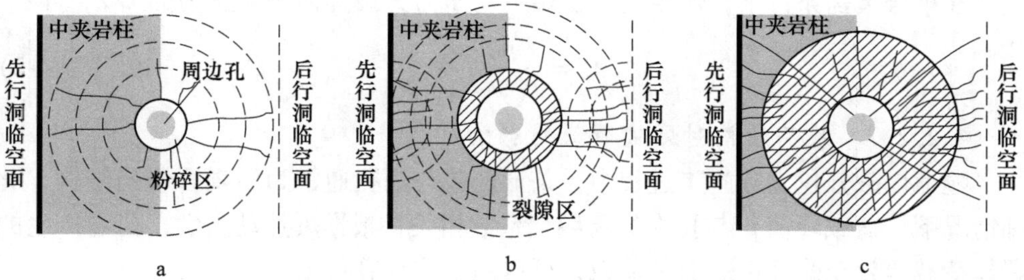

图 4-6 后行洞周边孔爆炸荷载作用边界示意图

a—压缩阶段；b—反射阶段；c—形成漏斗阶段

当应力波传播至后行洞临空面时，产生反射，最小抵抗线侧的岩体产生破碎，该侧爆炸能量转换为岩石动能，用于破碎岩石的抛掷；当应力波传播至先行洞临空面时，在先行洞支护结构面发生发射，加剧对中夹岩柱的损伤，严重将会造成中夹岩柱失稳。中夹岩柱受爆破荷载动力响应是累积损伤的过程，而并非只受到周边孔的爆破荷载作用，故而对于薄厚度的中夹岩柱而言，保护其免遭爆破荷载的破坏不仅要考虑安全爆破技术，同样需要对临空面条件进行分析。

4.2.2 多临空面炮孔爆破荷载对围岩的损伤范围

上述内容对多临空面炮孔爆破荷载对围岩损伤机理进行了定性分析，为了定量估算周边孔对中夹岩柱的损伤范围，采用爆破荷载等效计算法和 Mises 准则求解单孔爆破损伤范围。对于隧道爆破的炮孔装药结构，通常为轴向和径向的不耦合装药形式，柱状药包在炮孔内爆炸产生瞬时能量，作用于岩体和空气，产生的爆轰波传递到岩体形成粉碎区和破碎区，在弹性区的衰减过程产生振动波。为了计算单孔爆破作用于炮孔内岩壁上的等效荷载，对爆轰波压力峰值、不耦合装药结构的荷载等效、荷载传递等内容进行分析。

4.2.2.1　爆轰压力

爆轰压力是指炸药爆轰时爆轰波波阵面（C-J 面）上的压力。耦合状态下，炮孔内壁上受到初始冲击压力大小与爆轰波传播方向有关，隧道爆破中爆轰波传播方向与炮孔内壁垂直，因此，根据凝聚炸药爆轰参数计算理论，凝聚炸药爆轰和气相爆轰相同，遵从三大守恒定律，由 C-J 理论可知，理想状态下，炮孔内炸药起爆后波阵面上爆轰压力为：

$$p_0 = \frac{\rho_0 D_0^2}{\gamma + 1} \tag{4-1}$$

式中，ρ_0 为炸药的密度，kg/m^3；D_0 为炸药的爆轰速度，m/s；γ 为凝聚炸药爆轰中简化状态方程的幂指数，也称为爆轰产物绝热指数，一般近似取为 3。

在耦合装药条件下，爆生气体初始平均压力为波阵面爆轰压力的 1/2，即：

$$p_0' = \frac{\rho_0 D^2}{2(\gamma + 1)} \tag{4-2}$$

4.2.2.2　装药结构对爆破荷载的影响

隧道爆破开挖实际施工过程中，条形药包与炮孔通常为不耦合装药结构，此种情况下，荷载峰值 p_c 与孔内炸药耦合系数相关，根据爆炸动力学，药卷产生的爆炸荷载等效至炮孔内表面的荷载，可以由下式计算得出：

$$p_c = p_0' \cdot \left(\frac{d_c}{d_b}\right)^{2\gamma} \tag{4-3}$$

式中，d_c 为药卷直径，m；d_b 为炮孔直径，m。

对于隧道炮孔装药的特点（见图 4-7），此处的装药直径 d_c 并非药卷实际直径，而是根据药量得到的等效连续装药直径，其计算过程为 $d_c = \sqrt{4m_1/(\pi\rho_0 h_b)}$，其中 m_1 为单孔装药量，h_b 为炮孔长度。

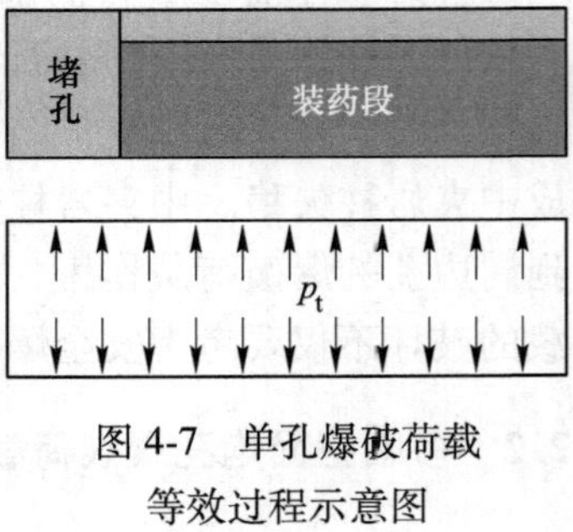

图 4-7　单孔爆破荷载等效过程示意图

4.2.2.3　介质对爆破荷载的影响

由于气体与岩石介质性质的差别以及接触条件的不同，式（4-3）得出孔内炸药爆轰产生的压力峰值并不等于爆生气体在炮孔内壁上的压力。根据爆炸动力学对于冲击波在不同介质传播透射的规律，炮孔内壁上的压力，即单孔爆炸荷载传递到岩体上的荷载压力，可按下式求得：

$$p_H = p_c \cdot \frac{2\rho_r c_p}{\rho_r c_p + \rho_0 D_0} \tag{4-4}$$

式中，ρ_r为岩石的密度，kg/m^3；c_p为岩石压缩波速度，m/s；其他符号意义同上。

4.2.2.4 周边孔爆破荷载作用围岩的损伤范围

单孔爆炸产生的应力波在岩体中传播过程如图 4-8 所示，炸药在岩体中爆炸后，引起岩体产生不同程度的破坏，根据爆破近区应力波传播规律分为冲击波和应力波作用区，按破坏程度分为粉碎区、裂隙区和弹性区，在弹性区产生的地震波会造成岩体附属结构的破坏和损伤。隧道爆破中，周边孔对围岩产生直接损伤，裂隙区范围可近似为围岩损伤范围，如图 4-9 所示。

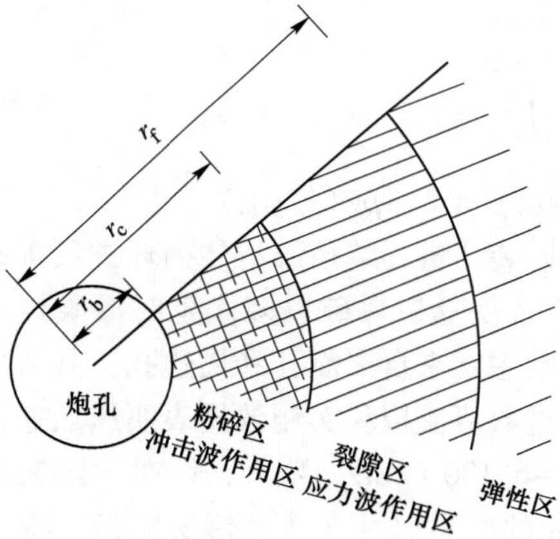

图 4-8 单孔爆炸作用边界示意图

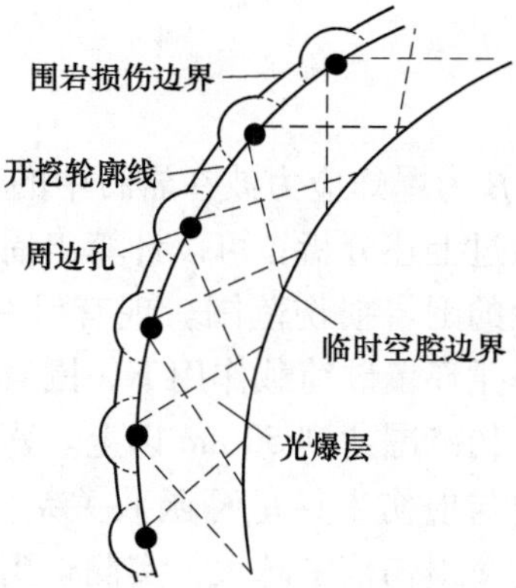

图 4-9 周边孔爆炸作用边界示意图

根据 Mises 准则，如果岩石中任一点的应力强度超过岩石单轴受力条件下的破坏强度，岩石将发生破坏，破碎区和裂隙区的产生则与岩石的力学性质有关，如下式

$$\sigma_i \geqslant \sigma_0 \tag{4-5}$$

$$\sigma_0 = \begin{cases} \sigma_{cd} & （粉碎区） \\ \sigma_{td} & （裂隙区） \end{cases} \tag{4-6}$$

式中，σ_i为岩石中任一点的应力强度，Pa；σ_{cd}、σ_{td}为岩石的单轴动态抗压强度和抗拉强度，Pa。

研究表明，岩石中任一点的应力强度为：

$$\sigma_i = \frac{1}{\sqrt{2}}\sigma_r \left[(1+b)^2 + (1+b^2) - 2\mu(1-b)^2(1-\mu) \right]^{1/2} \tag{4-7}$$

式中，σ_r为岩石中的径向应力，Pa；μ 为岩石的泊松比；b 为侧向应力系数，$b = \mu/(1-\mu)$。

由此，可以得到粉碎区半径（r_c）为：

$$r_c = \left(\frac{p_H \sigma_i}{\sigma_{cd} \sigma_r}\right)^{1/\alpha} r_b \tag{4-8}$$

式中，α 为爆炸冲击波在岩石中的衰减系数，$\alpha = 2 + \mu/(1-\mu)$。

如图 4-8 所示，粉碎区和破碎区的交界处为爆炸冲击波和应力波的分界，通过式（4-8），可以得到分界处的径向应力 σ_c：

$$\sigma_c = \sigma_r \big|_{r=r_c} \tag{4-9}$$

同理，可得破碎区半径（r_f）为：

$$r_f = \left(\frac{\sigma_c \sigma_i}{\sigma_{td} \sigma_r}\right)^{1/\beta} r_c \tag{4-10}$$

式中，β 为爆炸应力波在岩石中的衰减系数，$\beta = 2 - \mu/(1-\mu)$。

通过上述分析，可以计算出周边孔不同装药量、装药结构、循环进尺等条件下产生的围岩损伤范围。现有研究表明：常规隧道爆破以多段延时爆破技术为主，单循环爆破荷载作用下，围岩损伤影响主要来自二圈孔和周边孔，其造成的围岩损伤范围达到 50 cm 以上。曹峰等通过数值模拟和实测数据表明质点振动衰减规律与损伤半径呈幂函数关系，即 $V=46.180\ (1/D_{max})^{0.249}$，同时，爆破循环次数越多损伤范围越大，实测得到 3~6 m 的中夹岩柱在 3 次爆破后最大损伤范围为 2.2 m。

因此，对于莲塘隧道小净距区段 0.5 m 厚的中夹岩柱，后行洞爆破分区采用常规台阶法爆破无法满足保护中夹岩柱的要求。

4.3　后行洞爆破开挖安全分区

基于以上讨论，在后行洞台阶法爆破开挖分区的基础上，优化单侧壁四部开挖法，提出预留缓震层四部开挖法，如图 4-10 所示。不同于单侧壁四部开挖法，预留缓震层四部开挖法由“上下开挖”优化为“左右开挖”，通过预留薄厚度的缓震层（Ⅱ区）将首爆开挖区（Ⅰ区）与中夹岩柱隔开，减小Ⅰ区爆破荷载直接作用于中夹岩柱。缓震层在Ⅰ区爆破荷载作用下，岩体力学性质弱化，爆破开挖时可适量减少炮孔装药量。另一方面，缓震层开挖方量小，炮孔数量少，便于精准控制。为实现后行洞爆破安全开挖，缓震层厚度是后行洞安全分区的关键参数。

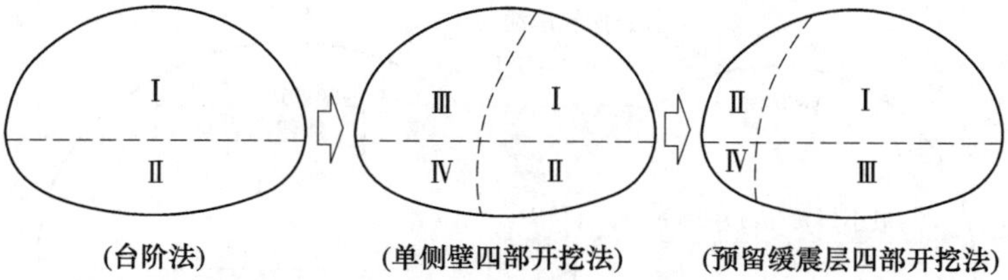

图 4-10 后行洞爆破开挖分区示意图

4.4 后行洞开挖分区几何参数计算方法

4.4.1 问题的提出

前面对后行洞爆破开挖安全分区进行了讨论，提出预留缓震层四部开挖法。其中后行洞Ⅰ区（断面标识：FT-Ⅰ）作为首爆区，起到开创临空面的作用；预留缓震层（断面标识：FT-Ⅱ）将阻隔断面 FT-Ⅰ爆破产生的振动，起到保护中夹岩柱的作用，同时，断面 FT-Ⅱ作为临时竖撑，减少因断面 FT-Ⅰ开挖结束围岩应力重分布导致中夹岩柱的损伤。然而，如何确定预留缓震层的厚度，使断面 FT-Ⅱ达到预期效果，同时保障断面 FT-Ⅱ爆破振动不影响中夹岩柱的稳定性，是设计后行洞分区的关键几何参数和亟待解决的问题。

4.4.2 后行洞分区参数研究思路

如图 4-11 所示，将先行洞和后行洞Ⅰ区开挖看作双洞任意形状断面隧道开挖的问题，假定在半无限平面内，有任意形状的隧道 1（先行洞断面 AT）和隧道 2（断面 FT-I）在任意位置开挖，为了确定两个隧道合理间距，对两个隧道边界的受力进行分析。由于存在两个隧道边界，该工程问题可以类比为双连通域问题进行讨论和求解。基于以上思路，利用双连通域问题常用解析法 Schwarz 交替法进行求解，由此得到断面 AT 和断面 FT-Ⅰ最优合理间距，进而得到预留缓震层厚度 d_2 的取值。

4.4.3 基于等代圆法建立小净距隧道双连通域问题的计算模型

根据小净距隧道断面特点，断面 AT 和断面 FT-Ⅰ以双连通域问题进行讨论，通过 Schwarz 交替法可以求解两个断面周边任何一点的应力和位移，在计算结果中，比较不同预留缓震层厚度 d_2 得到的应力和位移解析解，确定 d_2 的合理取值。Schwarz 交替法是一种用于解决双连通域问题的连续逼近分析方法。然而，截面 AT 轮廓和 FT-Ⅰ轮廓都是非圆形的，为 Schwarz 交替法计算应力场设置了很大的困难。闫春岭等认为直墙拱、曲壁拱和三心拱隧道都可以用等代圆法简化为

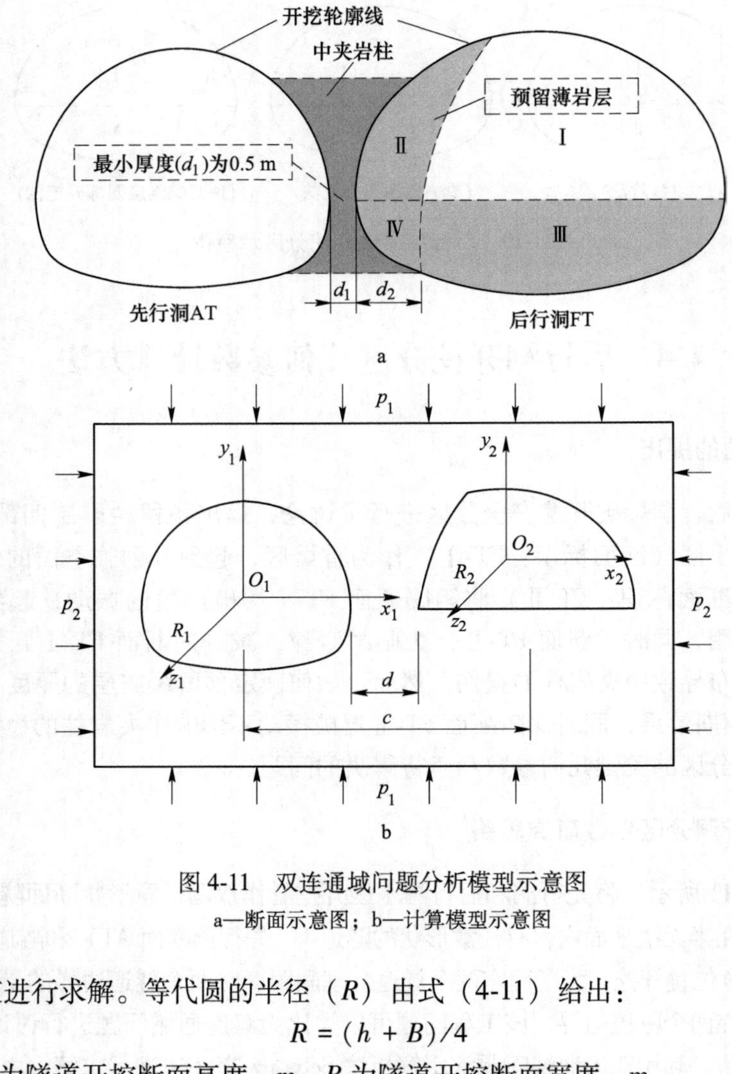

图 4-11　双连通域问题分析模型示意图
a—断面示意图；b—计算模型示意图

圆形隧道进行求解。等代圆的半径（R）由式（4-11）给出：

$$R = (h + B)/4 \tag{4-11}$$

式中，h 为隧道开挖断面高度，m；B 为隧道开挖断面宽度，m。

基于等代圆法得到的计算模型如图 4-12 所示，断面 AT 和断面 FT-Ⅰ简化为圆 1 和圆 2，分别处于坐标系 $O_1x_1y_1$ 和 $O_2x_2y_2$，两个隧道断面圆心的相对位置矢量为 c，d 表示中夹岩柱厚度（d_1）与断面 FT-Ⅰ宽度（d_2）之和。

为了求解两个断面的双连通域问题，需作以下假设：

（1）在隧道周围的平面上，岩石材料是弹性的、均质的、各向同性的（类似的假设参考了文献［166］和［167］）。本书重点是研究隧道间距 d 的变化对隧道围岩应力的影响。因此，支护结构不包括在数学模型中。

（2）外部荷载 p_1 和 p_2 施加在无限平面上（类似的假设参考了文献［164］）。根据中国公路隧道设计规则，附近的隧道可以归类为浅埋隧道。因此，构造应力

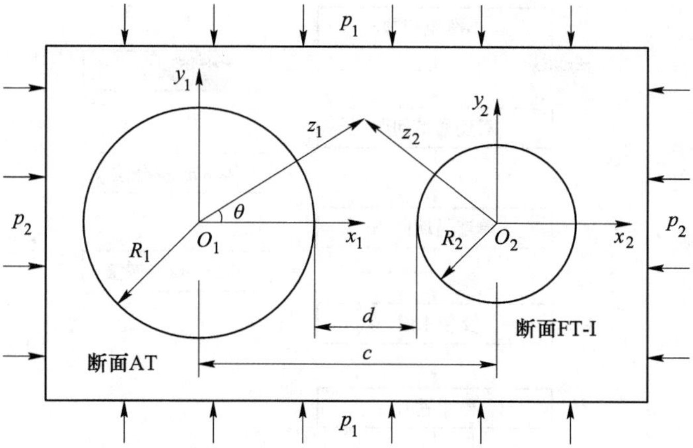

图 4-12 基于等代圆法简化的计算模型

并不明显。其中，p_1 是重力作用下的垂直地应力。p_1 由式（4-12）计算得出：

$$p_1 = \rho_r H \tag{4-12}$$

式中，ρ_r为隧道周边岩石平均密度，kg/m^3；H 为隧道的平均深度，m。

外部荷载 p_2 为水平地应力，等于 p_2 乘以侧向压力系数 γ_0（通常取值为 0.3）。

（3）对于围岩等级Ⅲ级的隧道常规爆破方案，功能孔排距一般为 0.6 m 距离作为 d_2 取值的最小值。

（4）定义拉力为正，压力为负。

4.4.4 Schwarz 交替法求解双连通域问题的基本原理及步骤

Schwarz 交替法旨在将多连通域问题归结为一系列的单连通域问题后进行求解，通过若干交替作用得到所求解参数的近似解。Schwarz 交替法求解双连通域问题计算过程如图 4-13 的计算模型所示，其基本求解过程为：首先，假设在半无限平面内先行洞断面 AT 已开挖，形成空腔，使断面 AT 和后行洞断面 FT-Ⅰ围岩的受力重分布。此时，后行洞断面 FT-Ⅰ虽然尚未开挖，但是在外力作用下，可求解出其周边围岩的受力情况，这是一个单连通域问题求解过程。其次，假设断面 FT-Ⅰ已开挖，断面 AT 尚未开挖，在外力作用下，依然是一个单连通域问题求解过程，可以求解出断面 AT 围岩受力分布情况，为了平衡断面 FT-Ⅰ围岩的力，加入一个反方向的平衡外力，使断面受到的外荷载接近零。最后，反复迭代上述过程，使两个断面周边的合面力趋近于零，满足零面力的边界条件，将每次迭代的计算结果叠加，即可得到所求解问题的解析解。

双连通域问题可通过迭代计算解决，直到两个圆形截面的外围表面力达到零。事实上，由于迭代次数有限，不可能使两个圆形截面的合面力达到零。迭代

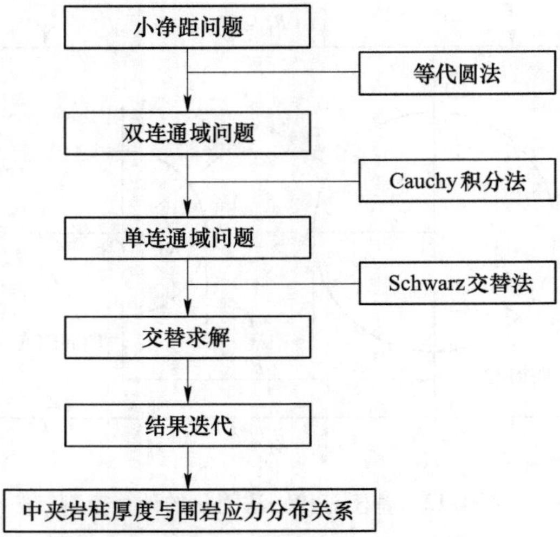

图 4-13　Schwarz 交替法求解双连通域问题计算过程

过程不断接近可接受的数值，但仍可获得高精度的分析解。研究表明 3~4 次迭代结果可以准确地得到断面不同位置的应力分布结果，并达到工程精度，可以作为隧道施工和支护的理论依据。

表 4-1 列举了 Schwarz 交替法迭代过程和求解函数，表中定义在原岩地应力 p_1 和 p_2 作用下，坐标系 $O_1x_1y_1$ 的应力函数表示为 $\varphi_1(z)$ 和 $\psi_1(z)$，坐标系 $O_2x_2y_2$ 的应力函数表示为 $\varphi_2(z)$ 和 $\psi_2(z)$，以便于区分迭代过程中的函数符号。同时，将函数的上标括号内的数字表示迭代次数，其中函数上标括号内的奇数表示断面 AT 周边面力作用求解，偶数则表示断面 FT-Ⅰ周边面力作用求解；下标数字则表示坐标系编号。

表 4-1　Schwarz 交替法求解步序与函数

迭代序号	步序	坐标系	工况			求解函数	荷载
			开挖 AT	开挖 FT-Ⅰ	求解选项		
1	(a)	$O_1x_1y_1$	√		求解 AT 周边复应力	$\varphi_1^{(1)}(z_1),\psi_1^{(1)}(z_1)$	远场荷载
	(b)	$O_2x_2y_2$	√		求解 FT-Ⅰ周边复应力	$\varphi_2^{(1)}(z_2),\psi_2^{(1)}(z_2)$	远场荷载
2	(c)	$O_2x_2y_2$		√	求解 FT-Ⅰ周边复应力	$\varphi_2^{(2)}(z_2),\psi_2^{(2)}(z_2)$	平衡外力
	(d)	$O_1x_1y_1$		√	求解 AT 周边复应力	$\varphi_1^{(2)}(z_1),\psi_1^{(2)}(z_1)$	平衡外力
3	(e)	$O_1x_1y_1$	√		求解 AT 周边复应力	$\varphi_1^{(3)}(z_1),\psi_1^{(3)}(z_1)$	平衡外力
	(f)	$O_2x_2y_2$	√		求解 FT-Ⅰ周边复应力	$\varphi_2^{(3)}(z_2),\psi_2^{(3)}(z_2)$	平衡外力
4	(g)	$O_2x_2y_2$		√	求解 FT-Ⅰ周边复应力	$\varphi_2^{(4)}(z_2),\psi_2^{(4)}(z_2)$	平衡外力
	(h)	$O_1x_1y_1$		√	求解 AT 周边复应力	$\varphi_1^{(4)}(z_1),\psi_1^{(4)}(z_1)$	平衡外力

图 4-14 显示了圆 1 和圆 2 的坐标系的矢量关系。将圆 1 的圆心作为坐标原点(0, 0)，则圆 2 的圆心作为坐标原点(0, c)，由此可得双重坐标系的复数应力函数的变换关系，如式（4-13）和式（4-14）：

$$\varphi_2'(z_2) = \varphi_1'(z_2 + c) \tag{4-13}$$

$$\psi_2'(z_2) = \psi_1'(z_2 + c) + \bar{c}\varphi_1''(z_2 + c) \tag{4-14}$$

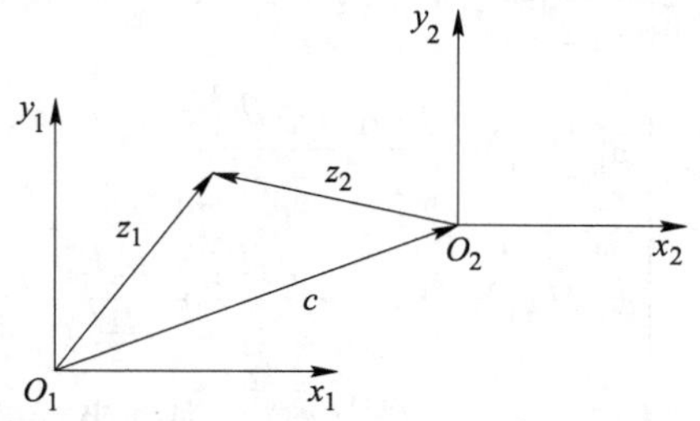

图 4-14 圆 1 和圆 2 坐标系关系示意图

分别对上式两边积分并舍去积分常数，得到复应力函数的变换关系为：

$$\varphi_2(z_2) = \varphi_1(z_2 + c) \tag{4-15}$$

$$\psi_2(z_2) = \psi_1(z_2 + c) + \bar{c}\varphi_1'(z_2 + c) \tag{4-16}$$

$$\varphi_1(z_1) = \varphi_2(z_1 - c) \tag{4-17}$$

$$\psi_1(z_1) = \psi_2(z_1 - c) - \bar{c}\varphi_2'(z_1 - c) \tag{4-18}$$

下面，对每一个迭代步序进行求解：

(1) 步序（a）：求解 $\varphi_1^{(1)}(z_1)$，$\psi_1^{(1)}(z_1)$。对迭代过程中的单连通域问题采用 cauthy 积分法求解复应力函数 $\varphi(z)$ 和 $\psi(z)$ 的解析解。

当 $\sigma_\rho = p_1$，$\sigma_\theta = \tau_{\rho\theta} = 0$ 时，可解得：

$$\begin{cases} \varphi_1(z) = \dfrac{p_1}{2}\left(\dfrac{z}{2} + \dfrac{R^2}{z}\right) \\ \psi_1(z) = -\dfrac{p_1}{2}\left(z + \dfrac{R^2}{z} - \dfrac{R^4}{z^3}\right) \end{cases} \tag{4-19}$$

当 $\sigma_\theta = p_2$，$\sigma_\rho = \tau_{\rho\theta} = 0$ 时，可解得：

$$\begin{cases} \varphi_2(z) = \dfrac{p_2}{2}\left(\dfrac{z}{2} - \dfrac{R^2}{z}\right) \\ \psi_2(z) = \dfrac{p_2}{2}\left(z - \dfrac{R^2}{z} - \dfrac{R^4}{z^3}\right) \end{cases} \tag{4-20}$$

因此，将式（4-19）和式（4-20）叠加可得，当 $\sigma_\rho = p_1$，$\sigma_\theta = p_2$，$\tau_{\rho\theta} = 0$ 时，复应力函数的解，即坐标系 $O_1x_1y_1$ 下，开挖断面 AT，其周边复应力 $\varphi_1^{(1)}(z_1)$ 和 $\psi_1^{(1)}(z_1)$ 的函数解为：

$$\begin{cases} \varphi_1^{(1)}(z_1) = \dfrac{p_1 z_1 + p_2 z_1}{4} + \dfrac{p_1 R_1^2 - p_2 R_1^2}{2z_1} \\ \psi_1^{(1)}(z_1) = \dfrac{(p_2 - p_1) z_1}{2} - \dfrac{(p_1 + p_2) R_1^2}{2z_1} + \dfrac{(p_1 - p_2) R_1^4}{2z_1^3} \end{cases} \tag{4-21}$$

令 $p_A = \dfrac{p_1 + p_2}{2}$，$p_B = \dfrac{p_2 - p_1}{2}$，则有：

$$\begin{cases} \varphi_1^{(1)}(z_1) = \dfrac{p_A z_1}{2} - \dfrac{p_B R_1^2}{z_1} \\ \psi_1^{(1)}(z_1) = p_B z_1 - \dfrac{p_A R_1^2}{z_1} - \dfrac{p_B R_1^4}{z_1^3} \end{cases} \tag{4-22}$$

（2）步序（b）：求解 $\varphi_2^{(1)}(z_2)$，$\psi_2^{(1)}(z_2)$。根据坐标变换公式，将 z_1 转换成 z_2，得到坐标系 $O_2x_2y_2$ 下，开挖断面 FT-Ⅰ时，其周边复应力 $\varphi_2^{(1)}(z_2)$ 和 $\psi_2^{(1)}(z_2)$ 的函数为：

$$\begin{cases} \varphi_2^{(1)}(z_2) = \dfrac{p_A(z_2 + c)}{2} - \dfrac{p_B R_1^2}{z_2 + c} \\ \psi_2^{(1)}(z_2) = p_B(z_2 + c) - \dfrac{p_A R_1^2}{z_2 + c} - \dfrac{p_B R_1^4}{(z_2 + c)^3} \end{cases} \tag{4-23}$$

（3）步序（c）：求解 $\varphi_2^{(2)}(z_2)$，$\psi_2^{(2)}(z_2)$。此时，开挖断面 AT 时，在断面 FT-Ⅰ周边产生的多余面力 $f_2^{(1)}$ 根据应力边界条件可以求出：

$$f_2^{(1)} = \varphi_2^{(1)}(t_2) + t_2 \overline{\varphi_2^{(1)\prime}(t_2)} + \overline{\psi_2^{(1)}(t_2)} \tag{4-24}$$

对上述边界条件作用 cauchy 算子有：

$$\frac{1}{2\pi i}\int_{O_1} \frac{f_2^{(1)}}{t_2 - z_2} dt_2 = \frac{1}{2\pi i}\int_{O_1} \frac{\varphi_2^{(1)}(t_2)}{t_2 - z_2} dt_2 + \frac{1}{2\pi i}\int_{O_1} \frac{t_2 \overline{\varphi_2^{(1)\prime}(t_2)}}{t_2 - z_2} dt_2 + \frac{1}{2\pi i}\int_{O_1} \frac{\overline{\psi_2^{(1)}(t_2)}}{t_2 - z_2} dt_2 \tag{4-25}$$

利用 cauchy 积分公式有：

$$\frac{1}{2\pi i}\int_{O_1} \frac{\overline{\psi_2^{(1)}(t_2)}}{t_2 - z_2} dt_2 = -\varphi_2^{(1)}(z_2) \tag{4-26}$$

断面 FT-Ⅰ周边面力为达到平衡，需增加相反方向的面力 $-f_2^{(1)}$，在平衡应力的作用下，求解步骤（c）中的复应力函数 $\varphi_2^{(2)}(z_2)$ 和 $\psi_2^{(2)}(z_2)$：

$$\begin{cases}\varphi_2^{(2)}(z_2)=\dfrac{p_B R_1^2}{(\bar{c})^2}\dfrac{-2R_2^6-3R_2^4\bar{c}z_2}{\bar{c}\,(\bar{c}z_2+R_2^2)^2}-\dfrac{p_B R_2^2}{z_2}+\dfrac{p_A R_1^2 z_2}{R_2^2+\bar{c}z_2}-\\ \qquad\dfrac{p_B R_1^2 c z_2^2}{(R_2^2+\bar{c}z_2)^2}+\dfrac{p_B R_1^4 z_2^3}{(R_2^2+\bar{c}z_2)^3}\\ \psi_2^{(2)}(z_2)=-\dfrac{p_A R_2^2}{z_2}+\dfrac{p_A R_1^2 z_2}{R_2^2+\bar{c}z_2}-\dfrac{p_B R_1^2 R_2^2}{z_2 c^2}-\left(\dfrac{R_2^2}{z_2}-\bar{c}\right)\varphi_2^{(1)\prime}(z_2)\end{cases}\tag{4-27}$$

(4) 步序（d）：求解 $\varphi_1^{(2)}(z_1)$，$\psi_1^{(2)}(z_1)$。求解步骤（d）中复应力函数 $\varphi_1^{(2)}(z_1)$和 $\psi_1^{(2)}(z_1)$则根据坐标变换得到：

$$\begin{cases}\varphi_1^{(2)}(z_1)=\varphi_2^{(2)}(z_1-c)\\ \psi_1^{(2)}(z_1)=\psi_2^{(2)}(z_1-c)-\bar{c}\varphi_2^{(2)\prime}(z_1-c)\end{cases}\tag{4-28}$$

到此，第一次迭代结束，可以得到断面 AT 和 FT-Ⅰ周边复应力函数为：

$$\varphi_1(z_1)=\varphi_1^{(1)}(z_1)+\varphi_1^{(2)}(z_1)\tag{4-29}$$

$$\psi_1(z_1)=\psi_1^{(1)}(z_1)+\psi_1^{(2)}(z_1)\tag{4-30}$$

$$\varphi_2(z_2)=\varphi_2^{(1)}(z_2)+\varphi_2^{(2)}(z_2)\tag{4-31}$$

$$\psi_2(z_2)=\psi_2^{(1)}(z_2)+\psi_2^{(2)}(z_2)\tag{4-32}$$

(5) 步序（e）：求解 $\varphi_1^{(3)}(z_1)$，$\psi_1^{(3)}(z_1)$。重复以上步骤，可以得到第二次迭代的所有复应力函数表达式，下面，列出步骤（e）中 $\varphi_1^{(3)}(z_1)$和 $\psi_1^{(3)}(z_1)$的结果，如下式：

$$\begin{cases}\varphi_1^{(3)}(z_1)=\dfrac{p_A R_2^2 z_1}{E}-\dfrac{p_B R_1^2}{F}+\dfrac{p_B R_1^2 R_2^2}{(\bar{c})^2 E}+F\left[\dfrac{p_B R_1^2}{(\bar{c})^2}\left(\dfrac{3R_2^4}{c^2G^2}-\dfrac{2R_2^6}{c^3G^3}\right)+\dfrac{p_B R_2^2}{E^2}+\right.\\ \qquad\left.\dfrac{p_A R_1^2 R_2^2}{E^2F^2}+\dfrac{3p_B R_1^4 R_2^2}{E^2F^4}-\dfrac{2\bar{c}p_B R_1^2 R_2^2}{E^2F^3}\right]-\dfrac{3p_B R_2^2 H^2}{c^4 R_1^2}\left(\dfrac{H^3}{K^2}+\dfrac{2H^2}{K}\right)-\\ \qquad\dfrac{2p_B R_2^6 H^2}{c^5 R_1^4}\left(\dfrac{H^4}{K^3}+\dfrac{4H^3}{K^2}+\dfrac{6H}{K}\right)-\dfrac{p_B R_2^2}{(\bar{c})^2}\left[\dfrac{R_1^6}{(\bar{c})^3E^2}+\dfrac{3R_1^4}{(\bar{c})^2E}\right]-\\ \qquad\dfrac{p_A R_2^2 H^2}{c^2 R_1^2}\left(\dfrac{H^3}{K^2}+\dfrac{3H^2}{K}\right)+\dfrac{3p_B R_2^2 H^4}{c^4 R_1^4}\left[(\bar{c})^2 z_1-\dfrac{z_1^3\,(R_1^2-\bar{c}z_1)^2}{K^4}\right]+\\ \qquad\dfrac{2\bar{c}p_B R_2^2 H^3}{c^3 R_1^4}\left(\dfrac{\bar{c}z_1^4-R_1^3 z_1^3}{K^3}-\bar{c}z_1\right)\\ \psi_1^{(3)}(z_1)=\dfrac{p_B R_1^2}{(\bar{c})^2}\left(\dfrac{3R_2^4}{c^2G^2}-\dfrac{3R_2^4}{c^2G^2}\right)+\dfrac{p_B R_1^2}{E}-\dfrac{p_A R_1^2}{F}+\dfrac{p_B R_1^4}{F^3}+\dfrac{p_B\bar{c}R_1^2}{F^2}-\\ \qquad\dfrac{R_1^2}{z_1}\varphi_1^{(2)\prime}(0)-\dfrac{R_1^2}{z_1}\varphi_1^{(3)\prime}(z_1)\end{cases}\tag{4-33}$$

其中，$E=\dfrac{R_1^2}{z_1}-\bar{c}$；$F=\dfrac{R_2^2 z_1}{R_1^2-z_1\bar{c}}+c$；$G=\dfrac{R_1^2}{z_1}-\bar{c}+\dfrac{R_2^2}{c}$；$H=\dfrac{R_1^2 c}{c\bar{c}-R_2^2}$；$K=z_1-\dfrac{R_1^2 c}{c\bar{c}-R_2^2}$。

（6）步序（f）：求解 $\varphi_2^{(3)}(z_2)$，$\psi_2^{(3)}(z_2)$。采用坐标变换得到步序（f）所求解的函数：

$$\begin{cases}\varphi_2^{(3)}(z_2)=\varphi_1^{(3)}(z_2+c)\\ \psi_2^{(3)}(z_2)=\psi_1^{(3)}(z_2+c)-\bar{c}\varphi_1^{(3)\prime}(z_2+c)\end{cases}\tag{4-34}$$

综上，已经完成了三次迭代计算，以此作为断面 AT 和断面 FT-Ⅰ的复应力计算结果如下式：

$$\begin{cases}\varphi_1(z_1)=\varphi_1^{(1)}(z_1)+\varphi_1^{(2)}(z_1)+\varphi_1^{(3)}(z_1)\\ \psi_1(z_1)=\psi_1^{(1)}(z_1)+\psi_1^{(2)}(z_1)+\psi_1^{(3)}(z_1)\\ \varphi_2(z_2)=\varphi_2^{(1)}(z_2)+\varphi_2^{(2)}(z_2)+\varphi_2^{(3)}(z_2)\\ \psi_2(z_2)=\psi_2^{(1)}(z_2)+\psi_2^{(2)}(z_2)+\psi_2^{(3)}(z_2)\end{cases}\tag{4-35}$$

围岩内任一点的应力分量为：

$$\sigma_\rho+\sigma_\theta=4Re[\varphi_1'(z_1)]\tag{4-36}$$

$$\sigma_\theta-\sigma_\rho+2i\tau_{\rho\theta}=2e^{2i\theta}[\bar{z}\varphi_1''(z_1)+\psi_1'(z_1)]\tag{4-37}$$

式中，σ_θ、σ_ρ、$\tau_{\rho\theta}$分别表示断面轮廓的径向应力、环向应力和剪切应力。

4.4.5　不同缓震层厚度对小净距隧道围岩受力的影响

综上，通过 MATLAB 软件编写计算程序，即可求得断面围岩应力的解析解。为了确定断面 AT 与断面 FT-Ⅰ之间的合理宽度，分别取 $d_2=0.6$，1.2，1.8，…，5.4 m 进行计算，在两个断面轮廓设置应力监测特征点，如图 4-15 所示，特征点位于靠近中夹岩柱的轮廓范围内，断面 AT 取 $\theta_1=-90°\sim+90°$ 内的特征点进行分析，断面 FT-Ⅰ则取 $\theta_1=90°\sim270°$ 范围内的特征点。

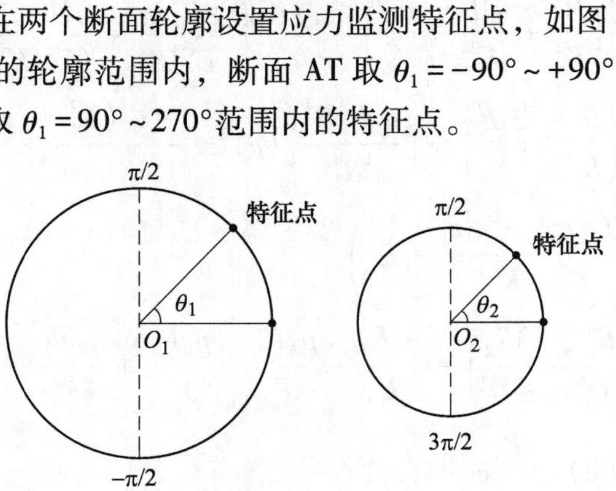

图 4-15　断面轮廓应力监测特征点示意图

图 4-16 展示了两个断面不同间距 d_2 条件下，断面轮廓的径向应力计算结果，由于两个等代圆半径相差较小，计算结果显示两个断面轮廓所受径向应力差异较小，且变化规律相同，围岩受力峰值位于拱顶和拱底区域，在拱肩区域，围岩受力随着中夹岩柱厚度的增加而增大；在拱腰区域，围岩受力随着中夹岩柱厚度的增加而减小，其中断面 AT 变化区间为拱腰的−30°~30°范围内，断面 FT-Ⅰ则为拱腰的 140°~220°范围。

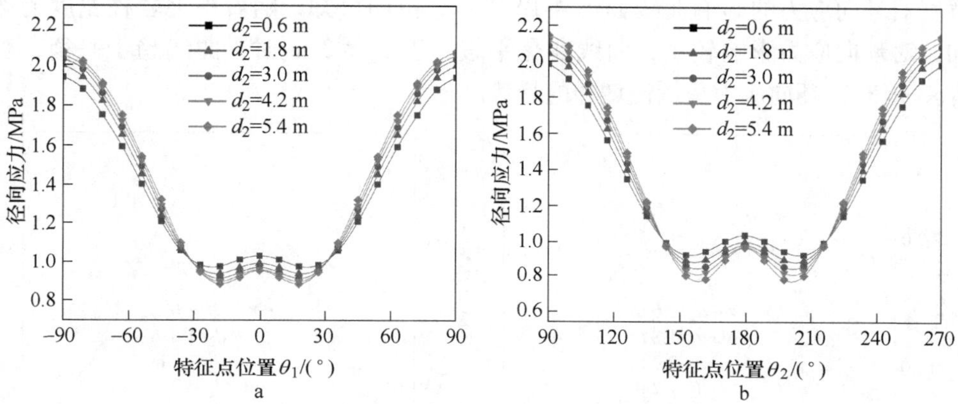

图 4-16　不同间距下的断面轮廓径向应力计算结果

a—断面 AT；b—断面 FT-Ⅰ

对上述范围内的特征点数据进行分析，绘出拱腰范围内径向应力随中夹岩厚度的变化曲线如图 4-17 所示。从图中可以看出，当 $d_2 \leqslant 3$ m 时，对于径向应力影响大，随着宽度减小，应力增加速率增大；当 $d_2>3$ m 时，随着宽度减小，洞周应力变化平缓并趋于平衡。

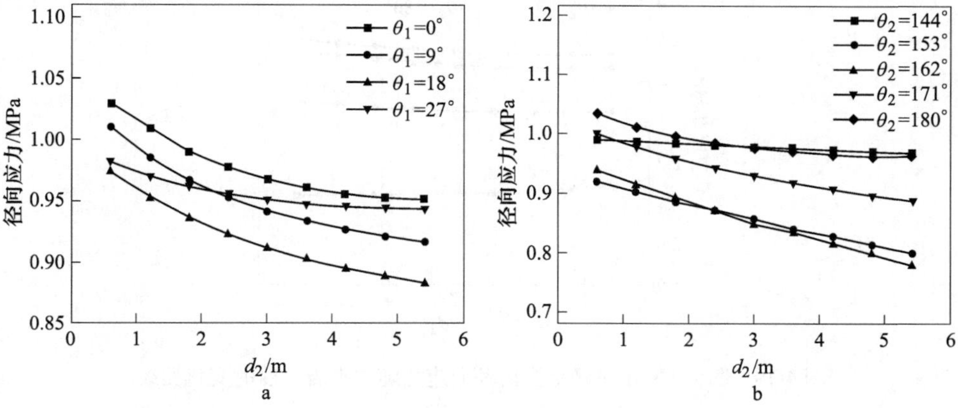

图 4-17　拱腰范围内径向应力随中夹岩厚度的变化曲线

a—断面 AT；b—断面 FT-Ⅰ

图 4-18 描绘了不同间距下断面轮廓环向应力计算结果，结果显示，环向应力峰值位于 $\theta_1=0°$ 和 $\theta_2=180°$ 的特征点，即两个洞室轮廓的最近点，断面 AT 周边受环向应力随着中夹岩柱宽度的增大而减小，在拱腰区域受到中夹岩柱宽度的影响较大。断面 FT-Ⅰ周边在拱肩区域 $\theta_2=90°\sim150°$（$210°\sim270°$）范围内受环向应力随着中夹岩柱宽度的增大而减小；在 $\theta_2=150°\sim210°$ 范围内，环向应力随着中夹岩柱宽度的增大而增大，对该范围内的特征点进行分析，绘制不同中夹岩柱宽度对环向应力的影响曲线如图 4-19 所示，由图可知，随着中夹岩柱宽度的增加，对环向应力影响较小，曲线变化平缓，当 $d_2\leqslant3$ m 时，曲线趋于平衡，当 $d_2>3$ m 时，环向应力呈缓慢增加的趋势。

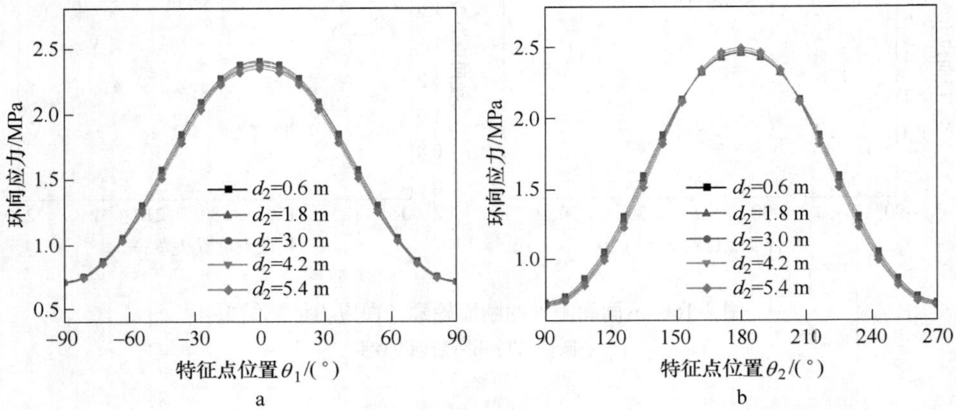

图 4-18　不同间距下断面轮廓环向应力计算结果

a—断面 AT；b—断面 FT-Ⅰ

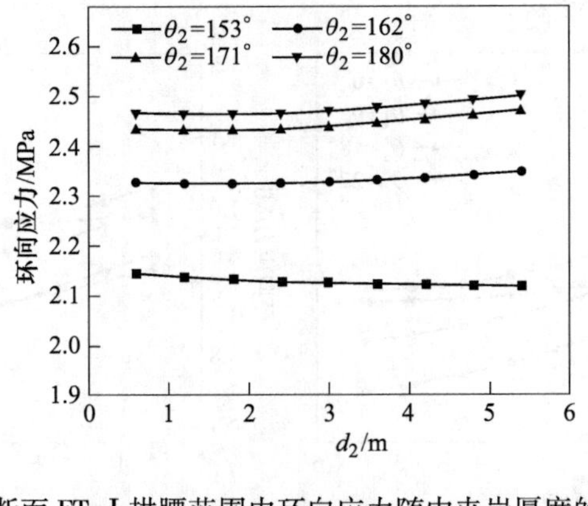

图 4-19　断面 FT-Ⅰ拱腰范围内环向应力随中夹岩厚度的变化曲线

计算得到断面周边剪切应力结果如图 4-20 所示，在拱腰底部区域，剪切应力受中夹岩柱厚度的影响较小；拱肩区域内，断面周边剪切应力则随着宽度的增加而减小，两个断面均呈现这一规律。

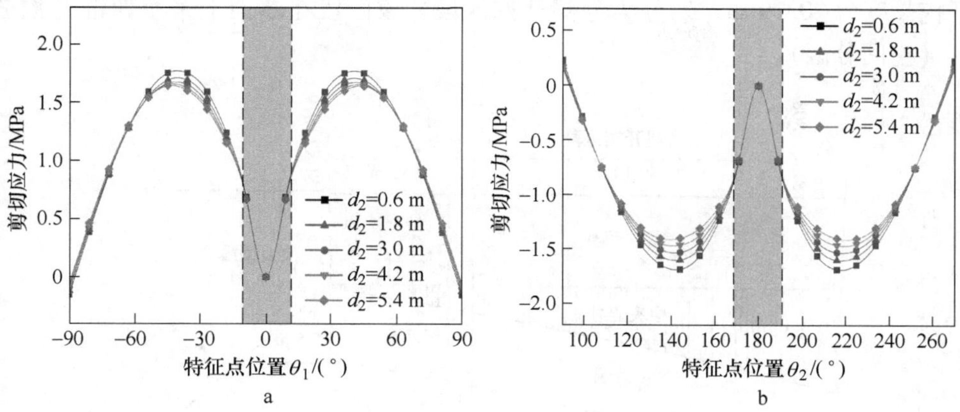

图 4-20 不同间距下断面轮廓剪切应力计算结果

a—断面 AT；b—断面 FT-Ⅰ

综上所述，基于断面轮廓的径向应力、环向应力和剪切应力的变化规律及分布特征，以及隧道开挖的实际情况，当 FT-Ⅱ断面宽度 d_2 设置为 3 m，此时中夹岩柱厚度为 3.5 m，应力变化相对均匀。当 d_2 取值小于 3 m 时，对两个断面拱腰范围的应力变化影响较大；当 d_2 取值大于 3 m 时，不利于现场施工。故认为 FT-Ⅱ断面宽度 d_2 取值 3 m 为安全间距。

4.5 后行洞爆破开挖时空分区及振动控制指标

根据上述计算结果，得到了后行洞开挖缓震层厚度的最优取值，由此可以确定后行洞掌子面空间的四部开挖分区。然而，莲塘隧道小净距区段为非对称结构，中夹岩柱厚度随着开挖时序的推进而发生改变，当中夹岩柱达到安全厚度时，爆破振动控制要求随之降低，此时，采用四部开挖分区将影响施工进度和增加爆破成本。因此，根据中夹岩柱厚度的变化规律，提出后行洞开挖的时空分区方法。

4.5.1 后行洞爆破开挖时空分区及特点

非对称小净距隧道后行洞爆破开挖时空分区示意图如图 4-21 所示。在空间分区方面，开挖断面采用四部分区，将靠近中夹岩侧作为缓震层（厚度为 3 m）保护中夹岩柱减小爆破荷载的直接损伤。

时间分区是指，随着开挖时程的推进，依据中夹岩柱厚度的变化沿隧道纵向分段。当中夹岩柱厚度 d_1>3.5 m 时，划分为常规开挖区段，长度为 50.13 m，此区段开挖掌子面采用上下台阶分区；当中夹岩柱厚度为 $0.5\ m \leqslant d_1 \leqslant 3.5\ m$ 时，开挖长度为 20. 79 m，划分为分部开挖区段，该区段在断面上采用四部开挖分区（空间分区）。

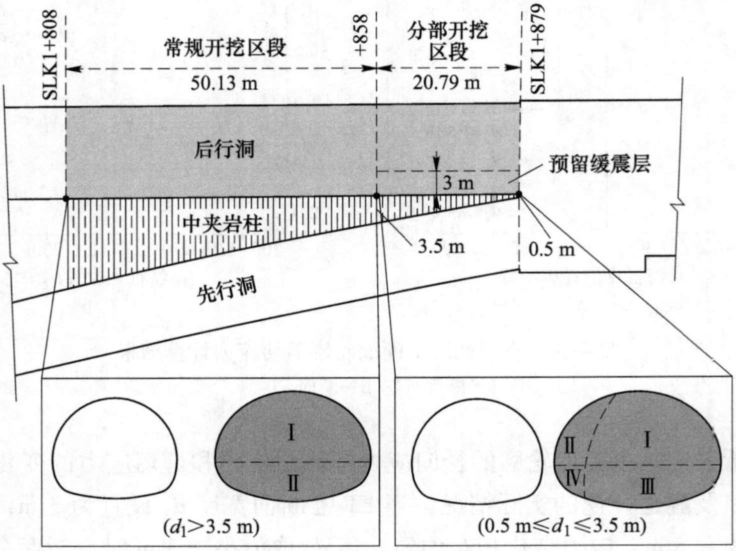

图 4-21 非对称小净距隧道后行洞开挖时空分区示意图

对于后行洞分部开挖区段，远离中夹岩柱的分部（Ⅰ区）为首爆区开挖，断面呈现不规则的半圆形；随后开挖直接相连中夹岩柱的Ⅱ区，Ⅱ区断面呈不规则的“月牙”形。其特征如表 4-2 所示。以上两个断面爆破开挖直接影响中夹岩柱的稳定性，爆破开挖过程应控制爆破振动达到减小围岩损伤的目的，然而，两个断面爆破振动控制指标需要进一步分析确定。

表 4-2 小净距隧道研究断面特征

断面结构	断面分区	开挖高度/m	开挖宽度/m	特征
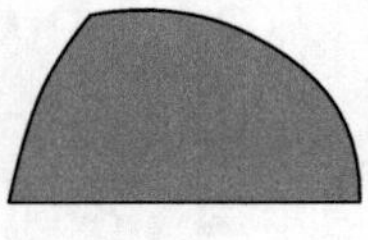	Ⅰ区	6. 86	12. 73	不规则半圆形
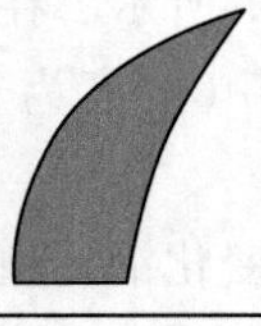	Ⅱ区	6. 63	3. 00	月牙形

4.5.2 后行洞分部开挖爆破振动控制指标

我国现行的《爆破安全规程》(GB 6722—2014)规定确保交通隧洞爆破安全振速允许标准为 10~15 cm/s，通过保护对象所在地（振动监测点）的实测质点振动峰值作为爆破振动的安全评价依据，并未明确小净距隧道后行洞爆破开挖的安全振速允许标准。表 4-3 列举了国内部分典型小净距隧道后行洞爆破振速控制标准，对于莲塘隧道小净距区段 0.5 m 厚度的中夹岩柱，可借鉴案例有限，更宜从严控制，按照现有的爆破振速控制标准，无法保护 0.5 m 中夹岩柱这一薄弱部位的稳定性。

表 4-3 部分典型小净距隧道后行洞爆破振速控制标准①

序号	隧道名称	最小净距/m	振动速度阈值/$cm \cdot s^{-1}$
1	新库鲁塔格隧道	15	10.7
2	梧桐山隧道	13.5	4.0
3	锚碇隧道	12	3.0
4	小洋山隧道	9.2	10
5	大帽山隧道	5.9	15
6	椒金山隧道	5.0	10
7	武隆隧道	4.0	25
8	招宝山隧道	3.0	12

① 振动监测点设置在先行洞迎爆侧，距离爆源的长度与最小净距厚度相当。

基于此，结合莲塘隧道小净距区段工程实际，制定后行洞不同分区爆破振动控制标准如下所述。

(1) 后行洞Ⅰ区爆破振速控制指标。莲塘隧道小净距区段后行洞首爆开挖区Ⅰ区爆破时，与中夹岩柱相隔 3 m 的缓震层，根据现场监测条件与现有研究结论，将后行洞Ⅰ区安全控制指标设定为距爆源 20 m 处隧道测点振速小于2.0 cm/s。

(2) 后行洞Ⅱ区爆破振速控制指标。后行洞Ⅱ区（缓震层）与中夹岩柱直接相连，是小净距区段爆破的核心和关键所在。爆破过程中，将爆破振动监测点设置在先行洞迎爆侧，与爆源位于同一水平线上，测点与爆源间距随中夹岩柱的厚度增加而增大。根据中夹岩柱厚度的渐变特点，当中夹岩柱厚度大于 3.5 m 时，控制监测点（距爆源最小值为 6 m）振速控制标准小于 8 cm/s；当中夹岩柱厚度 0.5~3.5 m 时，要求距爆源仅 3 m 测点的控制振速小于 3.0 cm/s，这一控制标准远高于其他小净距隧道工程。

4.6 本章小结

（1）分析了最小间距 0.5 m 的小净距区段断面结构特点，通过 LS-DYNA 软件分析了后行洞爆破荷载对中夹岩柱的损伤机理，研究表明，后行洞采用上下台阶分区振动控制要求极高，难以实现 0.5 m 超小净距隧道中夹岩柱的损伤控制要求。

（2）为控制后行洞爆破荷载对中夹岩柱的损伤，需要采用多分部开挖。提出了后行洞预留缓震层四部开挖法，通过在靠近中夹岩侧设置缓震层，阻隔后行洞首爆开挖区爆破荷载对中夹岩柱的直接损伤。

（3）针对后行洞预留缓震层几何参数计算问题，将小净距隧道双洞开挖问题看作为双连通域问题进行分析，基于等代圆法和 Schwarz 交替法，建立了数学计算模型，推导出缓震层厚度与围岩应力关系的计算公式，通过分析不同缓震层厚度与断面周边径向应力、环向应力和剪切应力的变化规律，得到缓震层的最优厚度为 3 m。

（4）基于缓震层几何参数，划分了后行洞爆破安全开挖时空分区，当中夹岩柱厚度大于 3.5 m 时，划分为常规开挖区段，采用上下台阶法开挖；中夹岩柱厚度为 0.5~3.5 m 时，则采用预留缓震层四部开挖法。结合莲塘隧道小净距区段时空分区和工程实际，制定后行洞不同分区爆破振动控制标准。

5 小净距区段后行洞首爆开挖区安全爆破技术研究及应用

第4章划分了莲塘隧道小净距区段后行洞开挖的时空分区，在分区中，首爆开挖区（Ⅰ区）和次爆区（Ⅱ区）采用何种爆破技术对中夹岩柱安全至关重要，本章主要研究后行洞首爆区（Ⅰ区）爆破技术问题。

考虑到首爆区位于远离中夹岩侧，为精确控制近中夹岩柱一侧损伤，并兼顾为其他分部创造临空面条件。针对首爆区的安全爆破技术问题，本章将孔内外延时混合起爆技术应用于首爆区，以兼顾爆破振动和成本控制，然而，隧道孔内外延时混合起爆存在的网路炸断拒爆的安全隐患问题尚未得到根本解决，现场应用存在较大的安全风险。为了解决混合起爆网路安全问题，本章将建立隧道孔内外延期混合起爆网路时间参数计算模型，以最优化问题为研究思路，研究隧道孔内外延时混合起爆网路时间参数计算方法，从理论和实践上解决混合网路的安全问题。

5.1 小净距区段后行洞首爆开挖区爆破技术

第4章节研究结果得到莲塘隧道小净距区段后行洞分区示意图如图5-1所示。后行洞Ⅰ区为距离中夹岩最远区间，与中夹岩柱相隔Ⅱ区（缓震层），故设计为首爆区以对中夹岩柱爆破振动损伤最小。

首爆区（Ⅰ区）开挖时，由于距离中夹岩较远，爆破振动要求相对较低，将掏槽爆破区设置在尽量远离中夹岩的位置；掏槽爆破开创出新临空面后，Ⅰ区距中夹岩较近部位向左边新临空面方向破碎，因此爆破振动较小。Ⅰ部分全部开挖完成后再采用安全爆破开挖技术施工Ⅱ区，而此时该部至少有两个临空面，爆破条件有利。据此绘制出后行洞Ⅰ区爆破炮孔布置、单孔药量设计图如图5-2所示。

图5-2所示方案是从整体开挖环境出发，步序简单，空间利用合理，在整个开挖过程中，分三层次进行针对性周边控制爆破：第一层次是远离中夹岩相邻侧的周边孔，可采用多孔同时起爆；第二层次是与中夹岩相邻的周边孔，距中夹岩较远的上部，采用较大的0.9 kg单孔药量和0.5 cm的孔间距；第三层次为距左端中夹岩处最近处的下部周边孔，这一区间是中夹岩保护区，为减少爆破振动区内周边眼眼距减小至45 cm，药量从0.9 kg减小为0.6 kg。

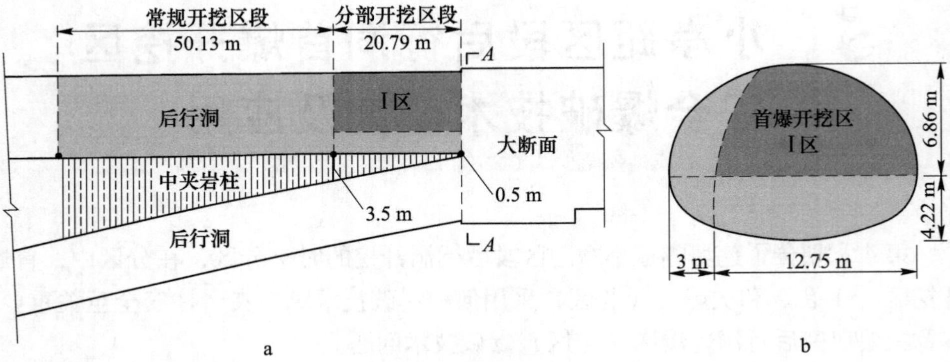

图 5-1　小净距区段后行洞分区示意图
a—后行洞平面结构示意图；b—首爆区示意图（断面 A—A）

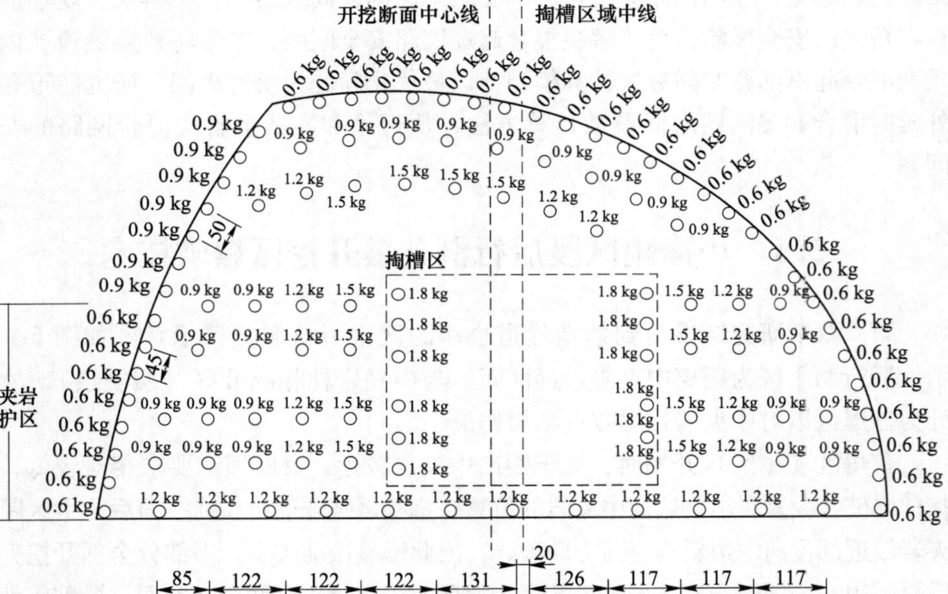

图 5-2　后行洞断面 FT-Ⅰ爆破炮孔布置和药量设计图（单位：cm）

爆破网路采用电子雷管起爆能精准控制爆破振动，缺点是价格昂贵；采用导爆管雷管延时误差大，段位不足，但成本低。为了兼顾爆破振动和成本控制，采用电子雷管-非电雷管孔内外延期起爆网路，既增加了雷管段数降低振速，又可避免全部使用电子雷管以降低成本。但由此带来的问题是如孔外延期时间设置不当，将炸断网路造成拒爆的安全事故，如何从根本上保证孔内外延期网路的安全性，是本章介绍的主要内容。

5.2 隧道孔内外延时混合起爆技术概述

孔内外延时混合起爆网路可以有效改善孔内延时网路雷管段数不足的缺陷，满足对高效爆破和低振速控制的需要，然而这种方式先爆孔有可能炸断孔外延时网路造成拒爆，因此仅在开挖空间较大的台阶爆破中采用；而在空间狭小的隧道中，孔外网路无法远离先爆飞石，易引起拒爆而较少采用。有学者尝试将孔外网路采取物理防护措施或定制高精度导爆管雷管减少延时误差，但仅为特殊个例。为解决隧道孔内外延时网路拒爆问题，需确保孔内雷管起爆时间大于所有孔外雷管起爆时间前提下，实现起爆段位最大化，然而从理论上进行证明求解十分困难，目前鲜有研究文献报道。

近年来新型电子雷管应用虽解决了雷管段数不足的问题，但成本远超普通爆破网路，采用电子雷管-导爆管雷管孔内外延时网路兼具精准爆破与成本控制的优点，具有广阔的应用前景。为保护孔外延时网路，一些学者采用电子雷管与导爆管雷管隧道分区爆破技术，证实了电子雷管与导爆管雷管混合使用的可行性，在单次爆破中，通常采用在孔外设置延时时间 0 ms 电子雷管的方法以解决接力传爆问题，也有学者尝试将孔外电子雷管设置非零延时时间形成隧道孔内外延时网路，但因导爆管雷管总存在延时误差时段，设计网路时雷管串段现象无法解决，难以保证网路安全起爆。

总体上，还未有文献依据普通雷管各段延时范围、电子雷管的延时特性研究两种孔内外延时网路安全性与可行性，以及缺乏对隧道孔内外延时网路安全起爆原理的研究，故难以提出网路敷设的安全设计要求，且还没有建立基于起爆网路安全的隧道孔内外延时参数计算通用方法。

5.3 隧道孔内外延时混合起爆网路基本形式

5.3.1 电子雷管和导爆管雷管起爆系统

两种雷管的区别在于延期结构和起爆方式。两种雷管结构的不同导致起爆方式的差异。如图 5-3a 和 b 所示，其中，以莲塘隧道应用的电子雷管爆破系统

C300 为例，雷管脚线直接连接起爆器，起爆网路通过 0.5 mm 铜芯线传递电信号；传统导爆管起爆系统通过电雷管引爆导爆管传爆。以电子雷管激发导爆管雷管可行，反之则不行。因此，混合起爆应以电子雷管起爆系统为基准，如图 5-4 所示。

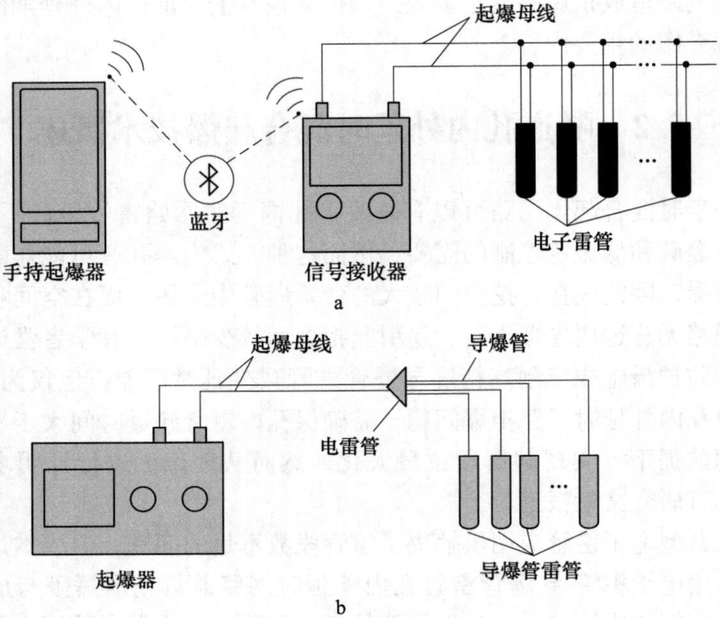

图 5-3　两种雷管的起爆系统示意图
a—电子雷管；b—导爆管雷管

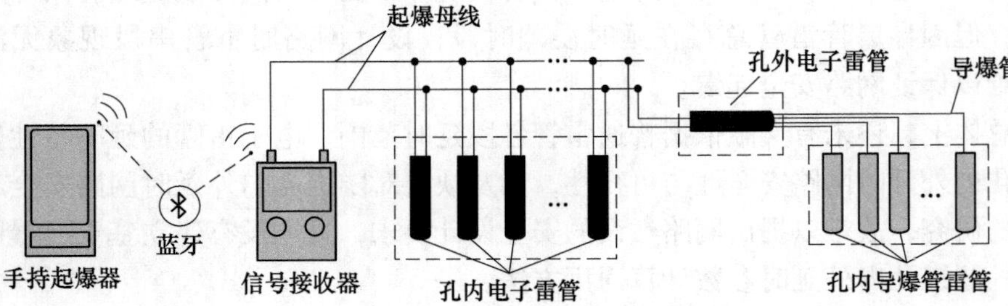

图 5-4　两种雷管混合起爆系统示意图

5.3.2　孔内外延时混合起爆网路的特点

由于导爆管雷管与电子雷管的起爆机理和传爆方式不同，导爆管雷管、电子雷管通过捆绑导爆管可以传爆导爆管雷管网路，反之，导爆管雷管不能传爆电子雷管网路。因此，隧道孔内外延时网路有两种设计形式，图 5-5a 描绘了全导爆管雷管组成的孔内外延时网路，不同段位的雷管通过串联达到增加起爆段位的目的；图 5-5b 则展示了电子雷管与导爆管雷管组成的孔内外延时网路，相比于全电子雷管延时网路，此类网路采用部分导爆管雷管取代一定数量的孔内电子雷管，是一种节约成本的网路设计方法。在隧道爆破中，孔内电子雷管通常设置在掏槽孔或周边孔等核心炮孔，以实现逐孔起爆达到控制振动和开创临空面的目的，其他辅助孔则使用导爆管雷管。然而，相比于全导爆管雷管组成的孔内外延时网路，电子雷管-导爆管雷管网路时间参数灵活多变、安全性能更稳定，参数计算更为复杂。

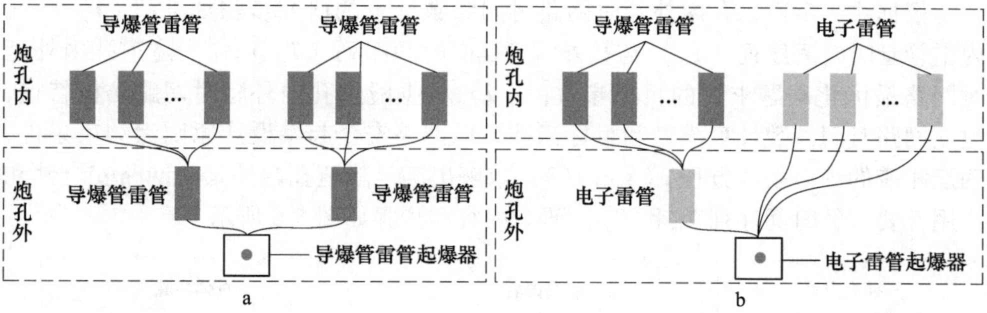

图 5-5 隧道孔内外延时网路结构示意图

a—全导爆管雷管孔内外延时网路；b—电子雷管-导爆管雷管孔内外延时网路

设计孔内外延时网路的目的，是以孔外延期方式解决孔内雷管段数不足的缺陷，应用的关键在于确保孔外网路不能被先爆孔飞石炸断发生拒爆。故本书需解决的问题是：一是设置正确的孔内外延时参数以避免网路被炸断拒爆；二是最大限度增加炮孔的不同延时数量（段数）。

孔内外延时网路时间参数设置的困难性在于，任一孔内雷管先于孔外雷管的延期时间起爆，孔外网路将被炸断而拒爆；而大量孔外、孔内雷管不同的延时组合，可形成极其复杂和丰富的延时起爆变化，导致难以从设计上避免这种炸断现象；其次，导爆管雷管每段有允许延时误差范围，不同起爆段位形成孔内外延时组合时，新的起爆时间范围易交叉造成雷管串段，过去通常以导爆管雷管标称段号设计孔内外延时网路，不考虑各段雷管延时范围影响是有缺陷的。

5.4 隧道孔内外延时混合起爆网路计算模型及约束条件

5.4.1 混合起爆网路参数计算的研究方法

在满足网路安全起爆的条件下，计算孔内外不同雷管的延时时间参数，确定孔内外雷管最优串联组合，使起爆段数达到最大值，是隧道孔内外延时网路设计的核心。通过前述对网路特点的分析，孔内外延时网路时间参数计算本质上属于数学规划中的最优化问题，求解思路是在一系列有关的限制条件约束下，求解目标函数的最优值，其核心内容包括定义目标函数、建立约束条件和提出目标值求解方法三个部分。其基本形式为：

$$\begin{cases} X = [x_1, x_2, \cdots, x_n] \\ \text{subject to } g(X) \\ \max f(X) \end{cases} \tag{5-1}$$

式中，X 为目标参数；$g(X)$ 为约束条件；$f(X)$ 为目标函数。

根据式（5-1），孔内外延时网路时间参数计算的研究步骤如下：（1）将孔内雷管延时时间序列（T_{in}）与孔外雷管延时时间序列（T_{out}）作为隧道孔内外延时网路最优化问题求解的目标参数；（2）根据隧道孔内外延时网路结构特点，建立网路时间参数计算模型和目标函数，以网路安全起爆设计原则为约束条件，确定相应的约束条件方程 $g(X)$；（3）求解出满足隧道孔内外延时网路安全性和实用性要求的时间序列 T_{in} 和 T_{out}。研究内容和步骤如图 5-6 所示。

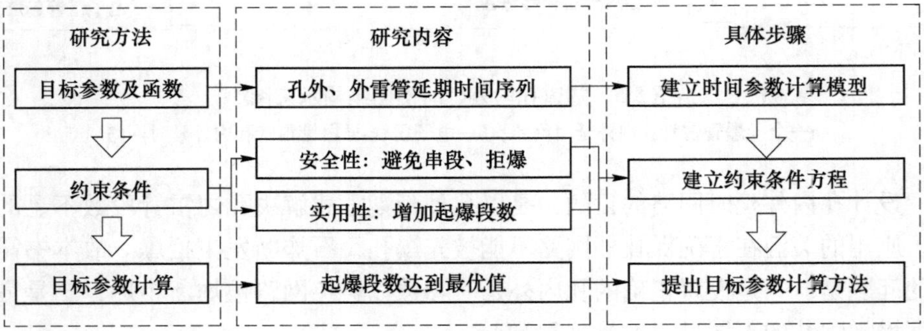

图 5-6　隧道孔内外延时网路时间参数研究方法及步骤

5.4.2　混合起爆网路参数计算模型的建立

为叙述方便，将孔内与孔外两个雷管串联的组合定义为单一组合雷管。定义导爆管雷管（ND）与电子雷管（ED）串联的组合为混合雷管（NED），段位标识为 MMS。其性质与导爆管雷管相同，电子雷管仅改变了其名义起爆时间。因此，孔内外延时网路可简化为组合雷管网路，如图 5-7 所示。

根据隧道孔内外延时网路结构，建立两种组合雷管时间参数计算模型如图 5-8 所示。其中，图 5-8a 表示不同段位导爆管雷管形成的组合雷管延时时间的集合，由排列组合公式可得组合雷管总段数 $N_1 = C_n^1 C_n^1 - C_n^2$。因此，全导爆管雷管延时时间计算模型的目标变量及目标函数基本形式为：

$$\begin{cases} T_{\text{in}} = [T_{\text{NDin}}(1), T_{\text{NDin}}(2), \cdots, T_{\text{NDin}}(n)] \\ T_{\text{out}} = [T_{\text{NDout}}(1), T_{\text{NDout}}(2), \cdots, T_{\text{NDout}}(n)] \\ \text{subject to } g(T) \\ \max f(T) \end{cases} \tag{5-2}$$

式中，$T_{\text{ND}}(n)$为第 n 段导爆管雷管延时时间；$g(T)$为约束条件方程；$f(T)$为目标函数，表示组合雷管延时范围数量。

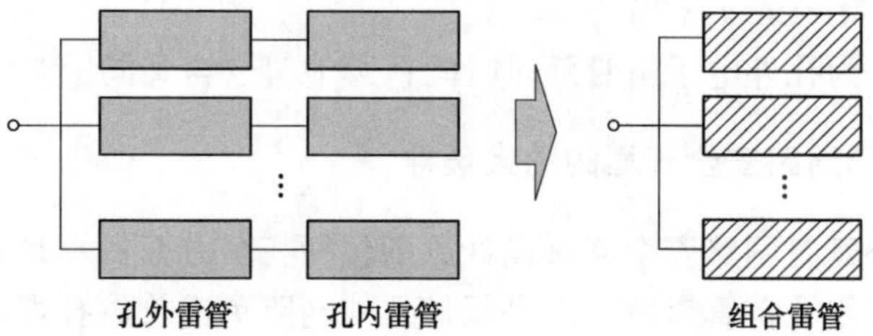

图 5-7 组合雷管网路示意图

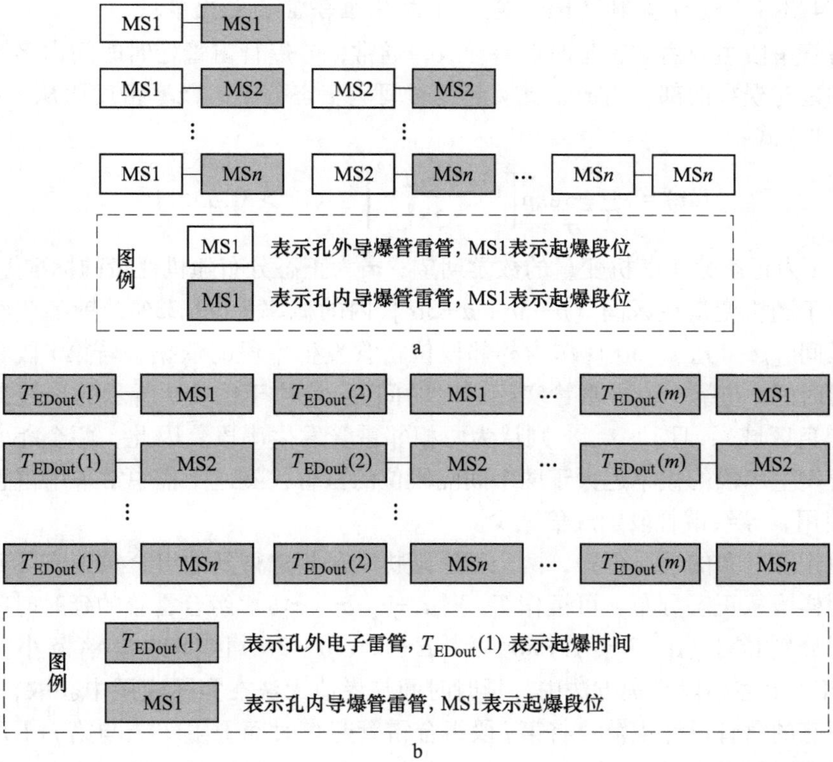

图 5-8 两种组合雷管延时时间计算模型

a—导爆管雷管组成；b—电子雷管和导爆管雷管组成

电子雷管与导爆管雷管形成的组合雷管延时网路时间参数模型如图 5-8b 所示，其组合雷管总段数 $N_2 = C_n^1 C_m^1$，同理可得，此类网路的目标变量及目标函数表达式为：

$$\begin{cases} T_{\text{in}} = [T_{\text{NDin}}(1), T_{\text{NDin}}(2), \cdots, T_{\text{NDin}}(n)] \\ T_{\text{out}} = [T_{\text{EDout}}(1), T_{\text{EDout}}(2), \cdots, T_{\text{EDout}}(m)] \\ \text{subject to } g(T) \\ \max f(T) \end{cases} \tag{5-3}$$

式中，$T_{\text{EDout}}(m)$为孔外电子雷管延时时间；其他符合含义同上。

5.4.3 混合起爆网路安全起爆的约束条件

隧道孔内外延时网路安全起爆设计原则包括三个方面：一是避免因导爆管雷管延时误差引起组合雷管串段；二是保护孔外网路免遭首爆孔爆破飞石炸断；三是增加起爆段位以满足隧道控制爆破要求。基于此，建立网路时间参数计算模型的设计原则，具体如下文所述。

5.4.3.1 设计原则（1）：避免孔内外组合雷管发生串段

雷管串段主要由雷管延时误差导致，通常，导爆管雷管延时时间由名义起爆时间和延时误差两部分组成，真实起爆时间呈正态分布，概率密度服从 $t \sim N(\mu, \sigma^2)$，如下式：

$$f(t) = \frac{1}{\sqrt{2\pi}\sigma} \exp\left[-\frac{(t-\mu)^2}{2\sigma^2}\right] \quad (\sigma > 0, \mu > 0) \tag{5-4}$$

式中，μ 为正态分布随机变量的数学期望；σ 为正态分布随机变量的标准差。

由于随机变量在区间［$\mu-3\sigma$, $\mu+3\sigma$］内的概率为 99.73%，钟冬望将概率密度区间［$\mu-3\sigma$, $\mu+3\sigma$］作为相邻段位雷管发生串段的依据，若第 i 段雷管实际延时时间 t_i与第 i+1 段雷管实际延时时间 t_{i+1}均位于图 5-9 所示的串段判别区域（黑色区域），且 $t_i > t_{i+1}$，则认为两相邻雷管发生串段。因此，两个相邻段位的雷管发生串段的概率远大于两个间隔段位的雷管，隧道工程中常采用雷管“跳段”使用，导致雷管段别成倍减少。

由正态分布的性质可知，两个正态随机变量相加得到的组合雷管实际延时时间，同样服从正态分布，可记作 $T \sim N(\mu_1+\mu_2, \sigma_1^2+\sigma_2^2)$。组合雷管的延时时间上限和下限分别位于($\mu+3\sigma$, $\mu+n\sigma$］和［$\mu-n\sigma$, $\mu-3\sigma$)区间的概率极小，约为 0.135%。上述串段判别方法中，延时时间临界值无法在实际应用中获取，因此，依据现有的雷管设计规范，将第 j 段组合雷管起爆时间上限 $T_{(j)+}$与第 j+1 段组合雷管起爆时间下限 $T_{(j+1)-}$的大小作为判断相邻组合雷管发生串段的依据，则避免相邻组合雷管串段有如下关系式：

$$T_{(j)+} \leqslant T_{(j+1)-} \tag{5-5}$$

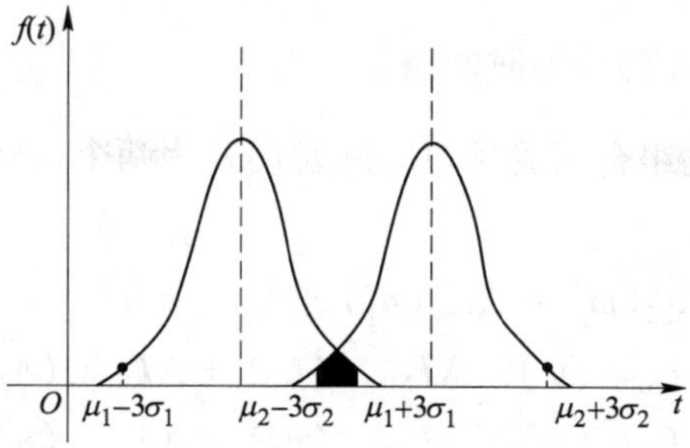

图 5-9 相邻段位的导爆管雷管串段判别方法

5.4.3.2 设计原则（2）：避免网路发生断路

在不考虑爆破器材自身质量的情况下，隧道孔内外延时网路拒爆的主要原因是孔内雷管起爆产生的爆破飞石造成孔外延期未完成雷管发生断路，导致部分孔内雷管拒爆。因此，引入首爆孔雷管起爆时间 T_{first} 这一概念，计算过程需明确孔内和孔外外雷管延时时间序列不发生交叉重叠，且所有孔外雷管传爆结束后，孔内雷管开始起爆。网路中的所有雷管按"孔外"到"孔内"的顺序传爆，则孔外雷管延时时间序列 T_{out} 的最大值与 T_{first} 的关系如下：

$$\max(T_{out}) \leqslant T_{first} \tag{5-6}$$

5.4.3.3 设计原则（3）：增加起爆段数

隧道孔内外延时起爆网路的核心是增加起爆段位，使爆破振动监测点的振速峰值处于安全要求范围之内。掏槽区采用逐孔起爆是隧道爆破降振的有效措施，因此，控制爆破设计尽可能减少掏槽孔同段起爆数量。对于孔内外延期网路，若组合雷管起爆段数满足掏槽孔逐孔起爆或在原爆破设计的基础上减少掏槽孔同段起爆数量，则认为组合雷管的起爆段数满足爆破需求。比较组合雷管段位数量 N_{new} 与现有导爆管雷管段位数量 N_{exist} 有：

$$N_{new} > N_{exist} \tag{5-7}$$

综上所述，约束条件方程 $g(T)$ 由式（5-5）~式（5-7）组成。

5.5 隧道孔内外延时混合起爆网路参数计算与可靠性分析

上文构建了孔内外延时网路的目标函数和约束条件方程，根据最优化问题求解思路，需进一步对网路时间参数进行分析和计算，确定目标参数的最优解。对于导爆管雷管孔内外延时网路，导爆管雷管延时时间为已知数，通过枚举法可列举出所有组合雷管的延时时间，基于约束条件方程，确定孔内、外导爆管雷管最优段位；针对电子雷管-导爆管雷管孔内外延时网路，电子雷管延时时间为变量，需结合目标函数和约束条件方程，推导出孔内、外雷管延时时间的计算公式。具体内容如下。

5.5.1　全导爆管雷管孔内外延时网路

导爆管雷管组成的组合雷管延时时间及误差为两个雷管的延期时间之和，如下式：

$$\begin{cases} T_{\text{NED}}(m) = T_{\text{NDout}}(n_1) + T_{\text{NDin}}(n_2) \\ \Delta T_{\text{NED+}}(m) = \Delta T_{\text{NDout+}}(n_1) + \Delta T_{\text{NDin+}}(n_2) \\ \Delta T_{\text{NED-}}(m) = \Delta T_{\text{NDout-}}(n_1) + \Delta T_{\text{NDin-}}(n_2) \end{cases} \tag{5-8}$$

式中，$T_{\text{NED}}(m)$ 为组合雷管名义起爆时间，ms；$\Delta T_{\text{NED}}(m)$ 为延期时间误差，“±”分别表示误差上、下限，ms。

以国产 20 段导爆管雷管为例，其设计延时时间范围为 0～2000 ms，不同段位导爆管雷管延时时间如表 5-1 所示。

表 5-1　导爆管雷管段别及延时时间表

段别	设计起爆时间/ms	延时误差/ms	段别	设计起爆时间/ms	延时误差/ms
MS1	0	<13	MS11	460	±40
MS2	25	±10	MS12	555	±45
MS3	50	±10	MS13	650	±50
MS4	75	+15；−10	MS14	760	±55
MS5	110	±15	MS15	880	±60
MS6	150	±20	MS16	1020	±70
MS7	200	+20；−25	MS17	1200	±90
MS8	250	±25	MS18	1400	±100
MS9	310	±30	MS19	1700	±130
MS10	380	±35	MS20	2000	±150

根据全导爆管雷管延期时间计算模型（见图 5-8a），孔内 20 段导爆管雷管与孔外 20 段导爆管雷管两两组合串联，利用排列组合基本公式和枚举法，得到 20 段导爆管雷管可形成组合雷管数 N_1 为 210 段，并列举出 210 段组合雷管的延期时间。基于设计原则（1）和式（5-5），筛选出符合条件的组合雷管起爆段数如图 5-10 所示，图中分别展示了全段位、偶数段和奇数段导爆管雷管的段数变化。210 个组合雷管中，满足设计原则（1）的起爆段数仅为 21 个，与原有段位的导爆管雷管混合分析，可形成 24 个有效起爆段位，新增段位十分有限；当雷管“跳段”使用时，相比于原有的 10 个段位，偶数段形成的组合雷管相比于原有段位新增 8 个段位，奇数段则增加了 7 个段位，增长率均超过 50%。

基于设计原则（2），进一步分析偶数段和奇数段雷管形成的组合雷管段位，利用式（5-6）将枚举法得到的各段位延时时间进行第二次筛选，得到图 5-8 所

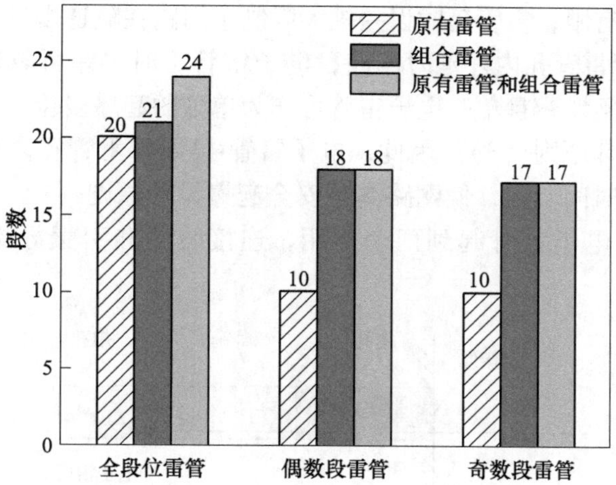

图 5-10 满足约束条件（5.4.3.1 小节）的组合雷管段位数量

示的结果。当原有雷管为间隔段位使用时，组合雷管段位数量与原有雷管段位数量基本持平，奇数段雷管形成的组合雷管段位反而少于原有雷管段位，无法产生新增段位，不满足设计原则（3）。满足三个设计原则的组合雷管段位数量，见图 5-11。

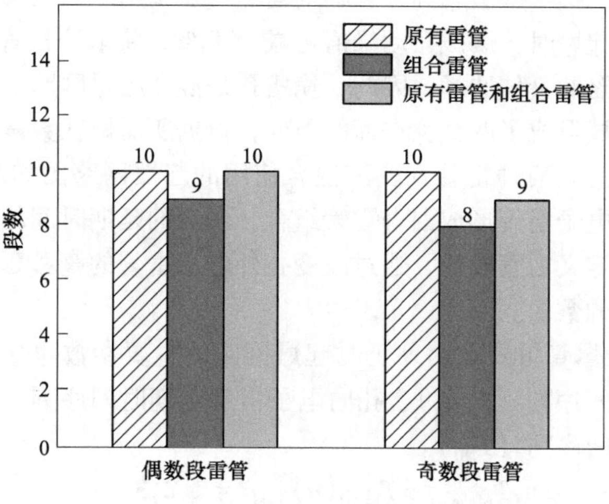

图 5-11 满足三个设计原则的组合雷管段位数量

综上，受限于隧道爆破网路安全起爆要求和导爆管雷管延时误差，采用导爆管雷管设计的隧道孔内外延时网路，无法增加段位，不适用于隧道爆破。

5.5.2 电子雷管-导爆管雷管混合孔内外延时起爆网路

在安全起爆条件约束下，隧道全导爆管雷管孔内外延时网路中，组合雷管新增起爆段数十分有限，雷管延时误差极大限制了网路在隧道爆破中的应用。对于电子雷管-导爆管雷管孔内外延时网路，电子雷管延时误差可忽略不计，解决了雷管延时误差的问题，且单一电子雷管可作为单独的起爆段位，起爆段位明显增加，网路满足设计原则（3）。因此，电子雷管-导爆管雷管孔内外延时网路设计的关键在于计算时间参数，使网路满足安全起爆设计原则（1）和（2）。在新的混合雷管组中，电子雷管起到两个作用，连接线路和引爆导爆管雷管（见图5-12）。

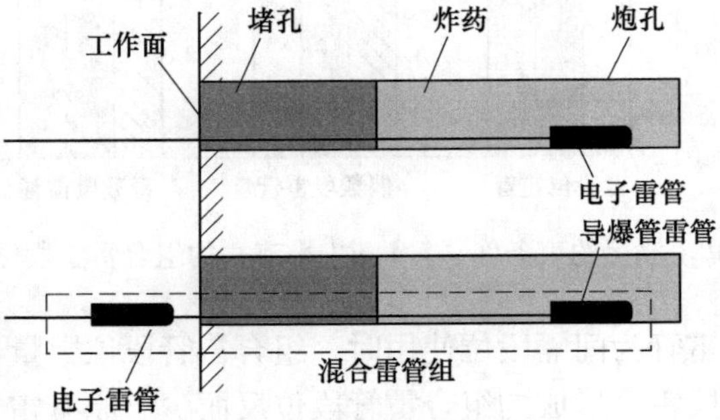

图 5-12　两种雷管孔内外位置

隧道爆破中，掏槽爆破起到开创临空面的重要作用。当掏槽孔设置合理的起爆时间进行逐孔起爆时，爆破振动峰值将减少44%，将电子雷管设置在掏槽孔是隧道爆破起爆网路的最佳选择，因此，掏槽孔是混合起爆网路中的孔内电子雷管的首选。其他区域形成了两个临空面的条件，根据所需炮孔数量设置相应的导爆管雷管和电子雷管。两种雷管在隧道混合使用的起爆网路图如图5-13所示，孔内导爆管雷管与电子雷管形成混合雷管组合，两者的延期时间相加形成新的延期时间范围，重新定义雷管段位，通过改变孔外电子雷管的毫秒延期时间，增加混合雷管组合段位的数量。

电子雷管-导爆管雷管孔内外延时起爆网路的主要参数包括三个部分：孔外电子雷管延期时间序列（T_{EDout}）、孔内电子雷管延期时间序列（T_{EDin}）和孔内导爆管雷管延期时间序列（T_{ND}）。

$$\begin{cases} T_{\mathrm{EDout}} = \{T_{\mathrm{EDout}}(a)\};a = 1,2,3,\cdots \\ T_{\mathrm{EDin}} = \{T_{\mathrm{EDin}}(b)\};b = 1,2,3,\cdots \\ T_{\mathrm{ND}} = \{T_{\mathrm{ND}}(c)\};c = 1,2,\cdots,20 \end{cases} \tag{5-9}$$

式中，T_{EDout}的取值与所使用的导爆管雷管延期时间、误差范围和数量有关；T_{EDin}通常为等差数列，需计算首项和公差（延时时间）；T_{ND}则由导爆管雷管段别确定。混合雷管的延期时间为孔外电子雷管延期时间与孔内导爆管雷管名义起爆时间之和，且延期误差范围与导爆管雷管的相同。

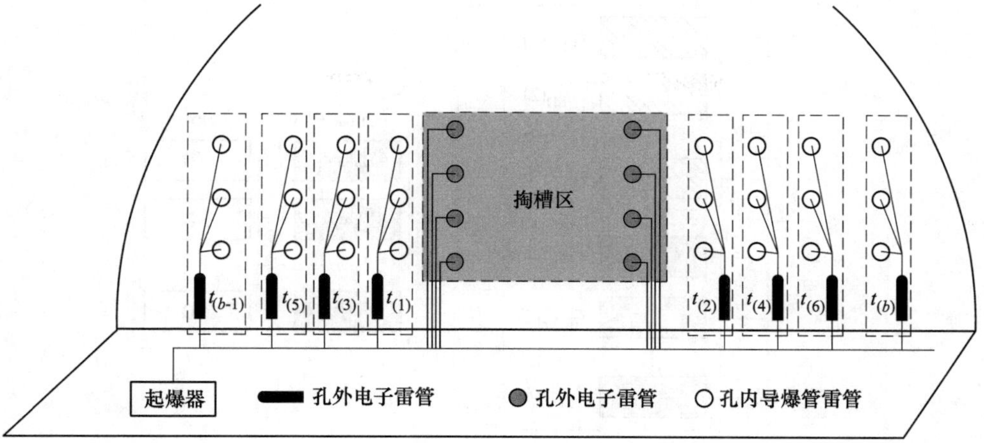

图 5-13　隧道混合起爆网路雷管分布示意图

$$T_{NED}(d)=[T_{EDout}(a)+T_{ND}(c)-\Delta T_{ND-}(c),T_{EDout}(a)+T_{ND}(c)+\Delta T_{ND+}(c)] \tag{5-10}$$

式中，$T_{NED}(d)$为第 d 段混合雷管的延期时间；$T_{EDout}(a)$为孔外电子雷管的延期时间；$T_{ND}(c)$为第 c 段导爆管雷管的延期时间；$\Delta T_{ND}(c)$为第 c 段导爆管雷管的延期时间误差，“±”分别表示误差上、下限。

计算过程简化孔混合网路为如图 5-14 所示的模型，将两种雷管串联的部分作为整体考虑，且混合雷管为其中的单一模型。

5.5.2.1　孔外电子雷管延期时间序列（T_{EDout}）

敷设混合雷管时，以导爆管雷管延期时间作为定量，与不同延期时间的电子雷管进行串联，会出现两种情况：一是同段位导爆管雷管与不同延期时间的电子雷管串联；二是不同段位导爆管雷管与相同延期时间的电子雷管串联。根据网路设计原则（1），混合雷管不发生串段是保障隧道爆破安全可控的基础。根据式（5-10），结合式（5-5）绘制出混合雷管延期时间逻辑关系如图 5-15 所示。

同段导爆管雷管与电子雷管组合，$T_{ND}(c)$-$T_{EDout}(1)$与$T_{ND}(c)$-$T_{EDout}(2)$为相邻段位的混合雷管，当 $t_B>t_C$时，延期时间范围出现交叉，相邻段位雷管存在串联概率，为确保不发生串段，令 $t_B\leqslant t_C$，则相邻段位的混合雷管发生串段概率降为最低，此时将 B、C 点对应的起爆时间代入式（5-5）可得：

$$T_{ND}(c)+\Delta T_{ND+}(c)\leqslant T_{EDout}(1)+T_{ND}(c)-\Delta T_{ND-}(c) \tag{5-11}$$

即：

$$T_{EDout}(1)\geqslant\Delta T_{ND}(c) \tag{5-12}$$

由式（5-11）可知，孔外电子雷管的延期时间与导爆管雷管延期误差范围取值相关，当同段导爆管雷管与$\Delta T_{ND}(c)$成倍数的孔外电子雷管串联时，可以获得

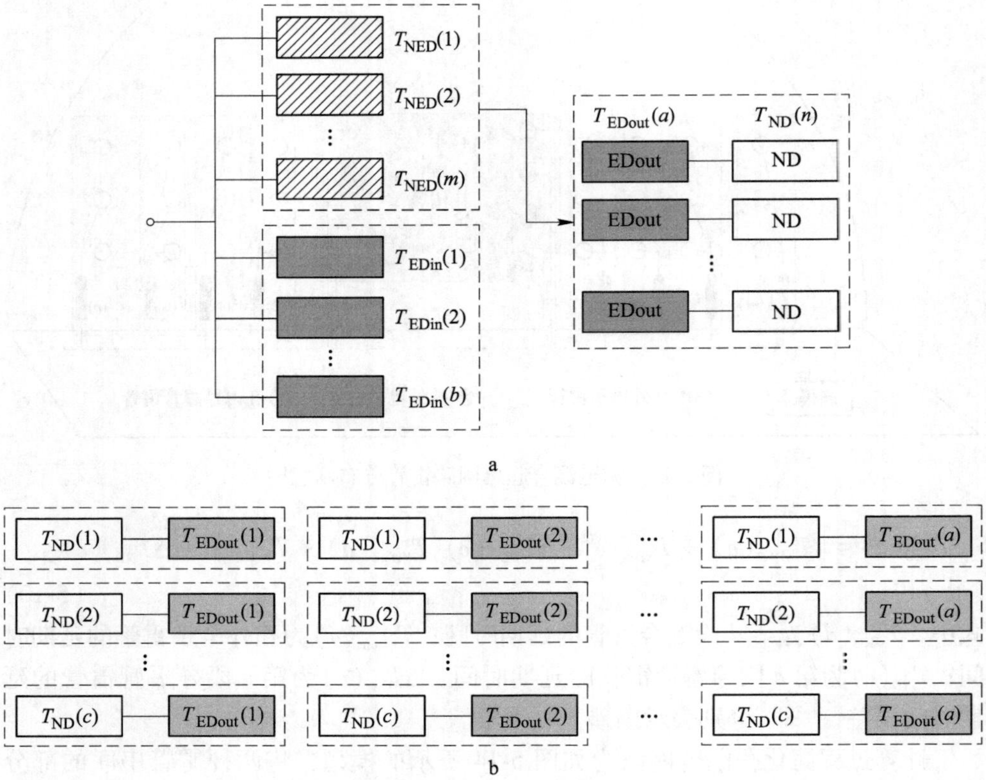

图 5-14　孔外延时混合起爆网路计算模型

a—混合起爆网路模型；b—混合起爆网路计算模型

该段位的混合雷管数目最大值。即：

$$\begin{cases} T_{\mathrm{EDout}}(a) = n\Delta T_{\mathrm{ND}}(c) \\ T_{\mathrm{EDout}} = \{\Delta T_{\mathrm{ND}}(c), 2\Delta T_{\mathrm{ND}}(c), \cdots, n\Delta T_{\mathrm{ND}}(c)\};n = 1,2,3,\cdots \end{cases} \tag{5-13}$$

式中，$T_{\mathrm{EDout}}(a)$为第 a 段导爆管雷管串联电子雷管的延期时间；n 为整数。

同理可得相邻段位导爆管雷管组成混合雷管延期时间之间的关系，如图 5-15 所示，第 a 段导爆管雷管组成的混合雷管与第 a+1 段导爆管雷管延期时间上下限之间应满足下式的数学关系：

$$T_{\mathrm{EDout}}(a) + T_{\mathrm{ND}}(c) + \Delta T_{\mathrm{ND+}}(c) \leqslant T_{\mathrm{ND}}(c + 1) - \Delta T_{\mathrm{ND}}(c + 1) \tag{5-14}$$

即：

$$T_{\mathrm{EDout}}(a) \leqslant T_{\mathrm{ND}}(c + 1) - T_{\mathrm{ND}}(c) - \Delta T_{\mathrm{ND-}}(c + 1) - \Delta T_{\mathrm{ND+}}(c) \tag{5-15}$$

式（5-12）与式（5-15）联合取交集，得到所有段位导爆管雷管的 $T_{\mathrm{EDout}}(a)$ 的取值，结果取并集，得到基于网路设计原则的 T_{EDout} 的取值。

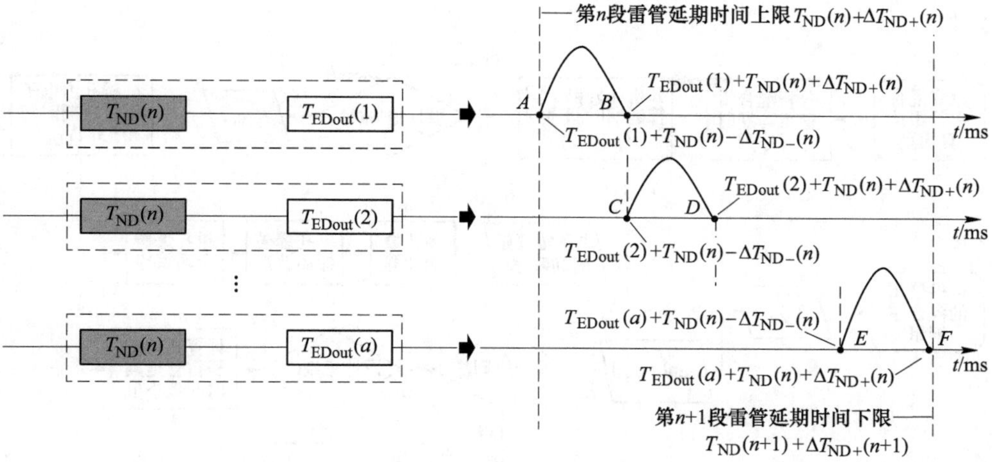

图 5-15 混合雷管延期时间逻辑图

5.5.2.2 孔内电子雷管延期时间序列（T_{EDin}）

孔内电子雷管延期时间序列包括两个部分：一是延期时间的初始值 min（T_{EDin}）；二是延期时间间隔（Δt）。其中，min（T_{EDin}）通过起爆网路设计原则（2）的结论可以求解，Δt 则采用单孔波形叠加法进行计算。为避免混合网路发生拒爆，降低飞石炸断线路的概率，则 min(T_{EDin})应小于孔外延期时间序列的最大值 max(T_{EDout})。

当孔内首爆雷管为电子雷管时：

$$\min\{T_{EDin}\} \geqslant \max\{T_{EDout}\} \tag{5-16}$$

当孔内首爆雷管为导爆管雷管时：

$$T_{ND}(1) - \Delta T_{ND-}(1) = \max\{T_{EDout}\} \tag{5-17}$$

由于导爆管雷管的起爆时间误差，首爆雷管优先考虑电子雷管以达到精准控制爆破。min(T_{EDin})与 max(T_{EDout})的取值应综合考虑 MMS 数量是否为最大值和掏槽区延期范围是否满足电子雷管的使用，在实际案例中，结合设计原则（2）和（3）综合分析判断。

进一步，对孔内电子雷管延期时间序列的时间间隔（Δt）进行求解，计算方法第 3 章进行了详细的描述。综上所述，根据电子雷管与导爆管雷管混合网路参数计算模型和孔内外延时起爆网路的三个约束条件，得到延期时间序列计算公式，以及延期时间序列与延期数之间的关系。对于混合雷管的延期序列，新增段位数量是评价混合起爆网路效果的重要决定因素。混合起爆网路时间参数计算流程如图 5-16 所示。

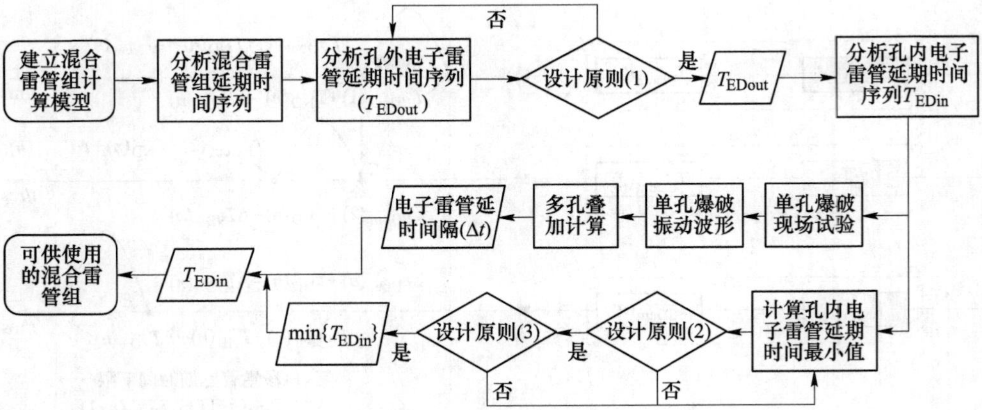

图 5-16　电子雷管与导爆管雷管混合起爆网路参数计算流程图

5.5.3　混合雷管孔内外延时起爆网路可靠性分析

孔内外延时延期起爆网路包含两种雷管，其中孔内雷管连接方式为并联，孔外雷管与孔内雷管簇连接力传爆，属于电子雷管-导爆管雷管混合单式接力并串联起爆网路，其系统示意图如图 5-17 所示，图中灰色矩形表示孔内导爆管雷管，深色矩形表示孔内外电子雷管，正方形表示起爆器。在计算网路可靠度时，将起爆网路组成系统的每一个起爆元件的可靠性进行独立分析，与电路图的逻辑关系相似，绘制其可靠性系统逻辑图。

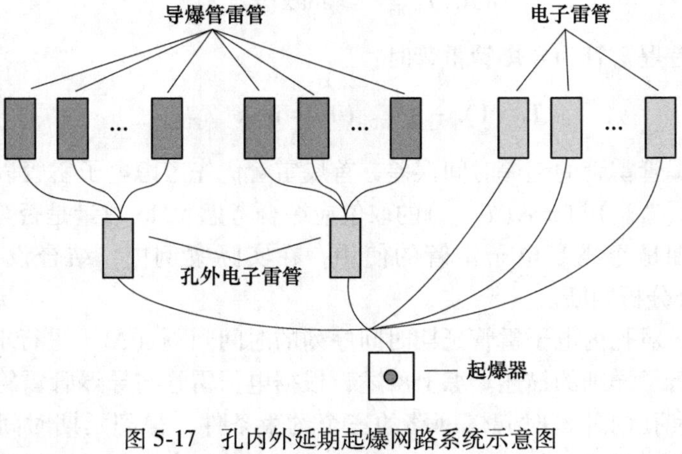

图 5-17　孔内外延期起爆网路系统示意图

根据孔内外延期起爆网路系统的示意图和可靠性系统逻辑关系，得到起爆网路可靠度的计算模型。将计算模型分解为串联和并联的子系统，如图 5-18 所示。

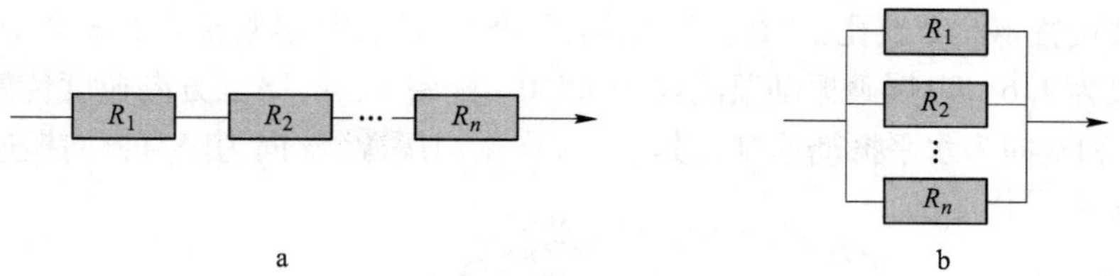

图 5-18 串联和并联子系统

a—串联系统可靠性模型；b—并联系统可靠性模型

其中，串联系统可靠性有：

$$R_S = \prod_{i=1}^{n} R_i \tag{5-18}$$

式中，R_S为串联系统的可靠度；R_i为串联系统中第 i 个元件或子系统的可靠度。

并联系统可靠性有：

$$R_S = 1 - \prod_{i=1}^{n} (1 - R_i) \tag{5-19}$$

式中，R_S为并联系统的可靠度；R_i为并联系统中第 i 个元件或子系统的可靠度。

由图 5-17，绘制出孔内外延时起爆网路可靠度计算模型如图 5-19 所示，图中 r 为导爆管雷管的可靠度；R_j为电子雷管与导爆管传爆节点的可靠度；R 为电子雷管的可靠度；R_D为电子雷管起爆器的可靠度。

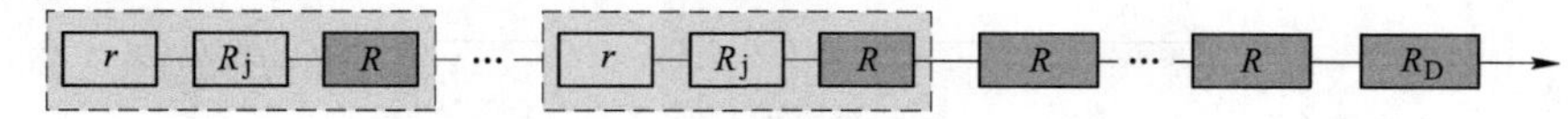

图 5-19 孔内外延期起爆网路可靠性系统逻辑图

假设孔内外延时起爆网路中，孔外电子雷管数量为 a，孔内电子雷管数量为 b，每个孔外电子雷管簇连导爆管雷管数量为 c。根据式（5-18）和式（5-19）可得孔外电子雷管与导爆管雷管组成的起爆系统可靠性为：

$$R_{NED} = (R \cdot R_j \cdot r)^c \cdot R^a \cdot R_D \tag{5-20}$$

5.6 电子雷管-导爆管雷管混合起爆技术在后行洞Ⅰ区的应用

基于上文研究成果，将电子雷管与导爆管雷管混合起爆技术应用在莲塘隧道小净距区段后行洞Ⅰ区进行爆破振动控制，通过上述参数计算方法设计孔内外延时起爆网路。采用现场爆破振动实时监测，对比分析混合起爆网路振动效应，验证上参数计算方法的合理性。

5.6.1 后行洞Ⅰ区混合起爆网路参数计算

5.6.1.1 常规起爆网路爆破效果

后行洞Ⅰ区首次爆破采用常规导爆管雷管起爆网路，爆破孔位布置如图 5-20

所示，共设置 105 个炮孔，“跳段”使用了 MS1~15 段导爆管雷管的 8 个奇数段位，爆破进尺为 1.6 m。爆破振动监测仪 TC4850，配备 x、y、z 三方向速度传感器，监测时，x 和 y 向为水平振动速度，其中，x 向指向爆源，z 向为竖直方向振速。

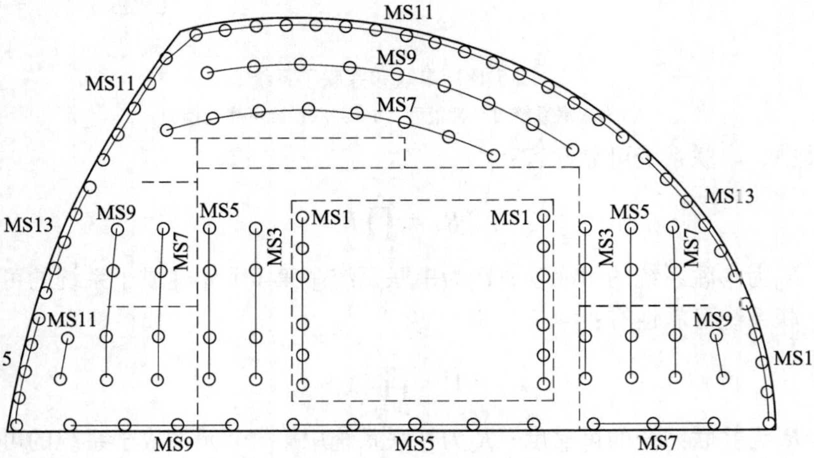

图 5-20　常规爆破孔位布置图

采集的振动曲线如图 5-21 所示，结果显示，控制点振动峰值为 6.76 cm/s，

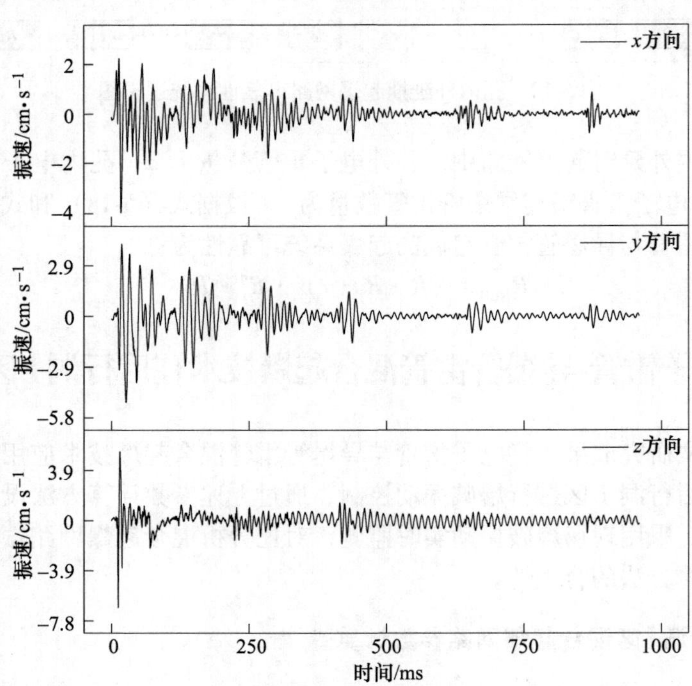

图 5-21　后行洞Ⅰ区常规爆破振动曲线

超出控制要求的 3 倍以上。从爆后围岩效果（见图 5-22）显示，隧道周边围岩超挖严重。从实测爆破振动曲线可知，振速峰值出现时间为 12 ms，处于 MS1 段雷管延时范围，导致振速超标的原因在于雷管段位不足，使掏槽区单段起爆药量过大。

图 5-22 爆后周边围岩损伤效果图

为形成对比，电子雷管-导爆管雷管孔内外延时网路的孔位设计与常规爆破保持一致，首次爆破完成后，中夹岩厚度随隧道里程增加而增大，爆源与监测点的空间距离增大，将开挖进尺提高至 2 m。

5.6.1.2 混合起爆网路时间计算

混合网路设计孔位与常规爆破保持一致，首次爆破完成后，预留缓震层厚度增加，因此提高爆破进尺至 2.0 m。根据上一章节对混合起爆网路时间参数计算的推导，对现有 8 个段位的导爆管雷管与电子雷管混合使用的时间参数进行分析。结果如表 5-2 所示。

表 5-2 混合雷管组延期时间分析

c	T_{nd}	ΔT_{nd+}	ΔT_{nd-}	ΔT_{nd}	$T_{ND}(c)$	$T_{NEG}(d)$	$T_{EDout}(a)$	$T_{NEG}(d)$	$T_{EDout}(a)$	$T_{NEG}(d)$	$T_{EDout}(a)$
					$n=0$	$n=1$		$n=2$		$n=3$	
MS1	0	13	0	13	[0,13]	[13,26]	13	[26,39]	26	[39,52]	39
MS3	50	10	10	20	[40,60]	[60,80]	20	[80,100]	40	[100,120]	60
MS5	110	15	15	30	[95,125]	[125,155]	30	[155,185]	60	[185,215]	90
MS7	200	20	25	45	[175,220]	[220,265]	45	[275,310]	90	[310,355]	135
MS9	310	30	30	60	[280,340]	[340,400]	60	[400,460]	120	[460,520]	180
MS11	460	40	40	80	[420,500]	[500,580]	80	[580,660]	160	[660,740]	240
MS13	650	50	50	100	[600,700]	[700,800]	100	[800,900]	200	[900,1000]	300
MS15	880	60	60	120	[820,940]	[940,1060]	120	[940,1060]	240	[1060,1180]	360

孔内电子雷管延期时间间隔根据上文提出的电子雷管爆破参数确定方法进行求解,在现场开展的单孔爆破试验,计算得到 12 孔爆破波形叠加预测波形,得到孔内电子雷管延时间隔最优值为 3 ms。

式(5-13)和式(5-15)描述了孔外电子雷管延期时间序列与导爆管雷管延期时间序列之间的关系,通过分析掏槽区预留雷管延期时间范围(t_c)与混合雷管组段位数量(d)可以得到孔外电子雷管延期时间序列的最大值($\max\{T_{EDout}\}$),分析结果如图 5-23 所示。

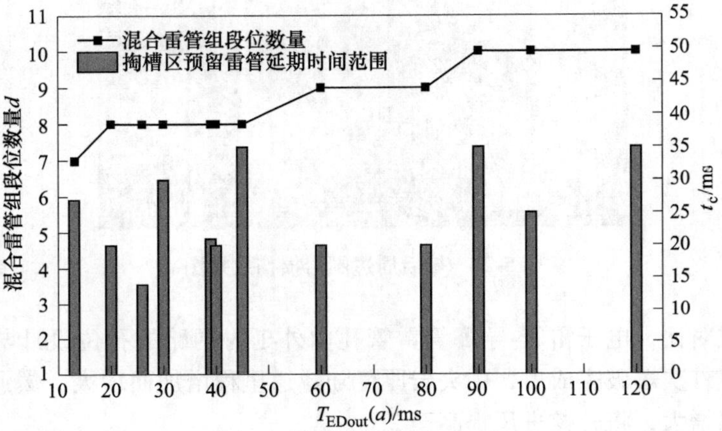

图 5-23　掏槽区预留雷管延期时间范围与混合雷管组段位数量的关系

当 $\max\{T_{EDout}\}$ 等于 90 ms 和 120 ms 时,掏槽区预留雷管延期时间范围(t_c)与混合雷管组段位数量(d)均达到最大值,随着 $T_{EDout}(a)$ 逐渐增大,混合雷管组段位数量达到最大值并保持不变。然而,随着 $T_{EDout}(a)$ 增大,导爆管雷管所需段位越大,其误差范围越大,因此,$\max\{T_{EDout}\}$ 的最优解为 90 ms,同时确定了 $\min\{T_{EDin}\}$ 的取值也为 90 ms,可得孔外电子雷管延期时间序列 $T_{EDout}=\{0,30,45,60,80,90\}$,掏槽孔电子雷管延期时间为 $T_{EDin}(m)=90+3(m-1)$,其中 m 为掏槽孔数量,掏槽区的电子雷管延期时间范围为 90~123 ms。综上所述,得到符合条件的混合雷管组合如表 5-3 所示,共有 10 组混合雷管可供试验断面使用,相比 6 个段位导爆管雷管增加了 4 个段位。

表 5-3　满足设计原则的混合雷管组延期时间

序号	MS	$T_{ND}(n)$/ms	延期时间范围	序号	MMS	$T_{ND}(n)+T_{EDout}(a)$/ms	延期时间范围
1	MS5	110	[95, 125]	1	MS5+30 ms	140	[125, 155]
				2	MS5+60 ms	170	[155, 185]
				3	MS5+90 ms	200	[185, 215]

续表 5-3

序号	MS	$T_{ND}(n)$/ms	延期时间范围	序号	MMS	$T_{ND}(n)+T_{EDout}(a)$/ms	延期时间范围
2	MS7	200	[175, 220]	4	MS7+45 ms	245	[220, 265]
				5	MS7+90 ms	290	[265, 310]
3	MS9	310	[280, 340]	6	MS9+60 ms	370	[340, 400]
4	MS11	460	[420, 500]	7	MS11+0 ms	460	[420, 500]
				8	MS11+80 ms	540	[500, 580]
5	MS13	650	[600, 700]	9	MS13+0 ms	650	[600, 700]
6	MS15	880	[820, 940]	10	MS15+0 ms	880	[820, 940]

5.6.2 后行洞 I 区混合起爆网路的设计

根据以上计算结果，采用 MMS 雷管重新设计的起爆网路如图 5-24 所示，掏槽区远离岩柱一侧偏心设置，掏槽眼、岩柱相邻的周边眼用电子雷管逐孔起爆降振；其余炮眼多孔同段爆破。混合起爆网路共布置炮孔 105 个，其中导爆管雷管 76 发，孔内电子雷管 39 发，孔外电子雷管 17 发（实际使用 11 发，部分相同延时时间的孔外电子雷管合并使用）。相比于全断面采用电子雷管的起爆方式，共节约 60.3%的电子雷管数量。为进一步验证波形叠加法计算电子雷管延时时间的准确性，根据波形叠加计算结果，掏槽区电子雷管孔间延时时间设置为 3 ms；将左侧小药量的周边孔内电子雷管的孔间延时时间设置为 4 ms，与掏槽孔作为对比组。

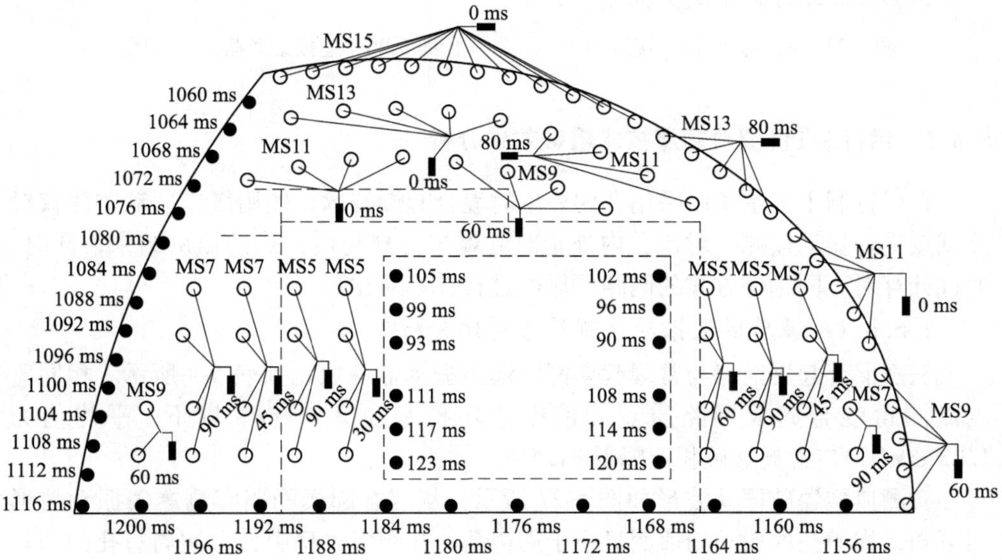

图 5-24 后行洞 I 区炮孔布置及起爆网路图

孔外电子雷管与导爆管采用“簇连”的方式，现场接线如图 5-25 所示，连接处使用聚氯乙烯胶带捆扎，缠绕层数不少于 5 层。连接处横截面示意图如图 5-26 所示，为保证导爆管与电子雷管充分接触，两者相切排列，单个电子雷管连接导爆管数量最大值（n_{max}）由连接处横截面的几何关系确定。

$$n_{max} = \pi/\arctan\left(\frac{r_n}{r_{ed} + r_n}\right) \tag{5-21}$$

式中，r_{ed}为电子雷管壳体横截面半径，mm；r_n为导爆管横截面半径，mm；n 为导爆管数量。本书所用电子雷管外径为（6.0±0.1）mm，导爆管外径为（2.95±0.15）mm，因此，得到 n 的最大值为 10。

图 5-25 两种雷管现场接线图

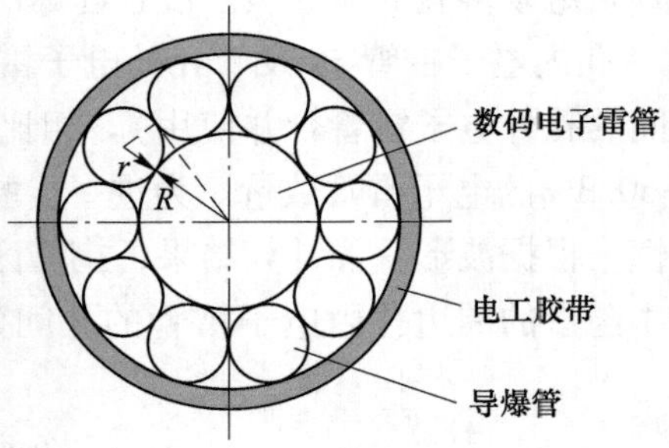

图 5-26 连接处横截面示意图

5.6.3 后行洞Ⅰ区混合起爆技术爆破效果分析

在后行洞Ⅰ区掌子面采用孔内外延时混合起爆技术，使用爆破振动监测仪对测试点进行振动监测，对比孔内外延时起爆与常规起爆方式的监测结果，同时，通过计算对不同起爆方式的网路可靠度进行计算对比。

5.6.3.1 爆后近区振动监测结果对比分析

三次混合起爆网路与常规起爆网路爆破振动监测数据如表 5-4 所示。相同监测点测得混合起爆网路质点峰值振速均控制在 2.0 cm/s 以下，平均值为 1.23 cm/s，与常规爆破相比降低 81.5%。

实测典型爆破振动波形如图 5-27 所示，从混合起爆网路实测爆破振动波形图可知，掏槽孔的振动峰值明显小于周边孔。在起爆过程中，左侧周边孔的药量小于掏槽孔，同时临空面条件均优于掏槽孔，由工程经验可得掏槽区的振动峰值应大于周边区，因此，根据现有结果可以判断电子雷管孔间延时时间为 3 ms 时，降振效果优于 4 ms，与单孔波形叠加计算预测结果一致。

表 5-4 爆后监测点 PPV 结果对比

试验方案	监测点	进尺/m	PPV/cm·s^{-1}	峰值时间/ms
常规起爆	-20 m	1.6	6.76	12.3
混合起爆①	-20 m	2.0	1.25	152.6
混合起爆②	-20 m	2.0	1.22	259.1
混合起爆③	-20 m	2.0	1.23	153.1

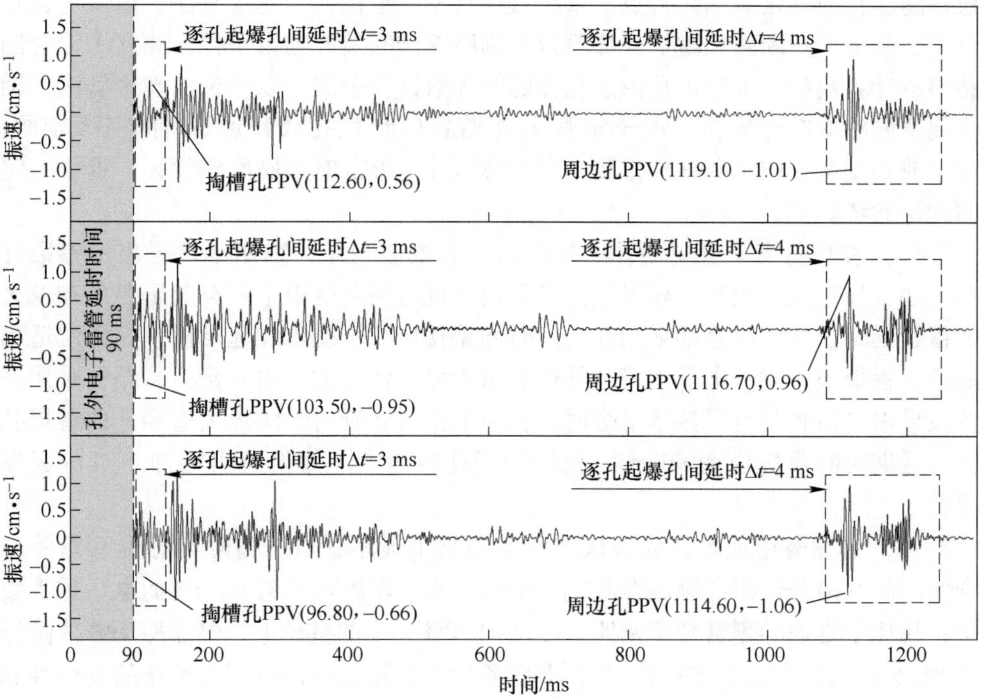

图 5-27 后行洞Ⅰ区爆破实测振动曲线图

5.6.3.2 起爆网路可靠性对比分析

根据式（5-20），对常规导爆管起爆网路、电子雷管起爆网路和混合起爆网路的可靠度进行计算对比，常用起爆元件及节点可靠度参考文献，其中，导爆管雷管可靠度指标为 0.9612，导爆管为 0.9683，电子雷管为 0.9985，电子雷管起爆器为 0.9999，导爆管传爆节点为 0.9843，电子雷管可靠度指标均优于导爆管雷管，通过计算可得，常规起爆网路可靠度指标为 0.9863，孔内外延时混合起爆网路可靠度指标为 0.9999，优于常规起爆方式。

5.7 本章小结

在莲塘隧道小净距区段后行洞Ⅰ区应用了孔内外延时混合起爆技术，以兼顾爆破振动和成本控制。为解决隧道混合起爆因孔外延时设置不当造成炸断网路发生拒爆的安全问题，建立了隧道孔内外延期混合起爆网路时间参数计算模型，定量描述了隧道孔内外延时混合起爆网路时间参数，通过现场试验验证了本章提出方法的可靠性和安全性。本章具体研究结论如下所述。

（1）提出了一种基于安全起爆的隧道孔内外延时时间参数通用计算方法。根据隧道孔内外延时网路特点，采用数学规划中最优化问题求解法，以避免雷管串段、避免网路断路和增加起爆段数为网路安全起爆的约束条件，建立了混合网路参数计算模型，推导出孔内、孔外延时参数计算公式。以严密的理论解决了困扰混合网路的起爆安全、电子雷管-导爆管雷管最优孔数和延时时间三大难题，对于兼备安全、成本和精准控制要求的隧道孔内外延时爆破网路设计，提供一定的理论参考。

（2）在后行洞Ⅰ区应用孔内外延时混合爆破技术，采用本章提出的参数计算方法，计算结果表明：导爆管雷管孔内外延时网路受限于安全起爆要求和较大的雷管延时误差，与全部采用孔内延时网路相比，不能增加起爆段位，无法适用隧道工程爆破；对于电子雷管与导爆管雷管混合使用的孔内外延时网路，采用奇数段导爆管雷管与电子雷管组合时，孔外电子雷管延时时间最大值和孔内首爆孔雷管延期时间最优值为 90 ms，相比采用孔内延期起爆网路可增加 40%的起爆段数。

（3）莲塘隧道现场试验爆破振动监测结果显示，电子雷管与导爆管雷管混合使用的孔内外延时起爆网路相比于全电子雷管网路可节省 60.3%的电子雷管数量；相比于常规导爆管雷管网路，在增加 20%进尺的基础上，爆破振动峰值降低了 81.5%，验证了电子雷管与导爆管雷管混合使用的孔内外延时网路的安全性和实用性。

6 小净距区段缓震层安全爆破技术研究及应用

上一章节研究了小净距区段后行洞首爆开挖区（Ⅰ区）安全爆破技术，为后行洞其他分部创造了双临空面爆破条件。本章将重点研究Ⅱ区（预留缓震层）爆破技术，这一部分与中夹岩柱直接相连，一旦爆破振动失去控制可能导致中夹岩柱发生贯通性破坏，甚至出现岩柱垮塌的安全事故。因此Ⅱ区相较于Ⅰ区控制损伤的要求更高，Ⅱ区爆破技术是小净距开挖的关键爆破技术。本章首先通过数值模拟研究爆破荷载对中夹岩柱的损伤机理，揭示中夹岩柱受损规律，细化控制爆破区域。根据中夹岩柱厚度渐变特点，建立微震控制爆破组合技术，在不同中夹岩柱厚度对应的Ⅱ区爆破采用不同数量的控制爆破技术，动态设计爆破组合方案控制Ⅱ区爆破振动对中夹岩柱的损伤。

6.1 莲塘小净距隧道后行洞Ⅱ区概况

6.1.1 后行洞Ⅱ区断面结构特点

当小净距隧道掌子面进入 LK1+859～LK1+879 区段，中夹岩柱厚度为 0.5～3.5 m，与中夹岩相连的后行洞Ⅱ区呈现不规则“月牙状”，宽度为 3 m，高度为 6.86 m，后行洞断面示意图如图 6-1 所示。后行洞Ⅱ区虽开挖面积小，然而与中夹岩柱直接相连，对中夹岩柱造成直接损伤。后行洞Ⅰ区爆破已经对Ⅱ区造成累积损伤，围岩力学性质有所弱化，后行洞Ⅱ区爆破方案设计应采用短进尺，减小单孔装药系数。

6.1.2 后行洞Ⅱ区初步爆破方案设计

后行洞Ⅱ区爆破开挖是小净距隧道的关键区段，其开挖断面面积小、厚度薄、控制要求高。然而，断面处于双临空面条件，爆破作业炮孔数量少，以周边孔和辅助孔为主。针对后行洞Ⅱ区断面结构特点，初步设计出爆破方案如图 6-2 所示，共设置炮孔 27 个，分三列排布，前两列炮孔利用后行洞Ⅰ区形成的临空面控制爆堆方向，单孔装药系数为 0.4，第三列炮孔为周边孔，单孔装药系数为 0.3，采用光面爆破可减少对中夹岩柱的损伤。初步方案设计思路有以下两点。

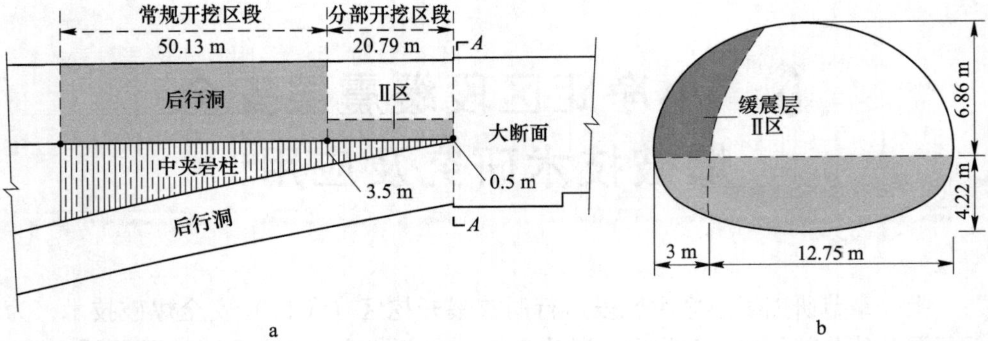

图 6-1 后行洞断面结构示意图
a—后行洞平面结构示意图；b—次爆区示意图（断面 *A*—*A*）

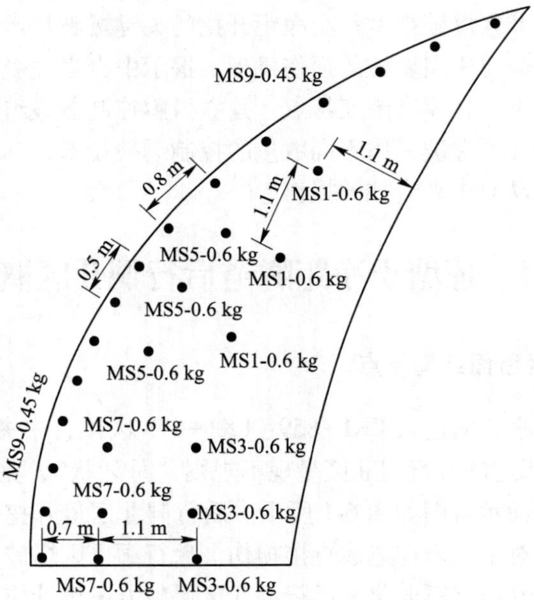

图 6-2 后行洞Ⅱ区初步爆破方案设计

6.1.2.1 充分利用临空面降振进行爆破设计

由图 6-2 可知，起爆顺序是自上向下、从外向里。其中，首段雷管（MS1）起爆的炮孔位于爆区上部，距中夹岩较远，爆破对保护岩柱损伤较小，且首爆孔可利用重力作用适当减小药量，因此从上向下爆破，爆区下部爆破时有三个临空面可进一步降振；当距中夹岩较远的外部爆破后，最内侧也因临空面增大形成降振作用增强。然而，底排最左侧炮孔爆破需克服底部夹制力，单孔装药系数依然设置为 0.4，该孔距中夹岩最近与振动控制要求最高相矛盾，故将该炮孔归类为底板孔，周边孔从上而下爆破，随后从外向里起爆底板孔，此时，底排最左侧炮孔爆破时所有炮孔均已起爆，形成的多临空面状态尽可能减小爆破振动。

6.1.2.2 充分利用后行洞Ⅱ区断面轮廓与相邻洞室的空间关系

从后行洞Ⅱ区断面轮廓最底部和最高点至先行洞开挖轮廓面的水平距离为0.5~12.8 m。为兼顾降振与成本，将水平距离大的部分定义为非关键部位，如距离中夹岩柱较远的上部周边孔；反之，则将靠近中夹岩柱小的部分划分为关键部位，如距中夹岩最近的中下部周边眼，适当减小炮孔间距。

综上所述，初步爆破方案是根据后行洞Ⅱ区断面结构和临空面条件作出的设计。爆破过程中，荷载对中夹岩柱的损伤过程、范围等内容则需要通过数值模拟进行分析，明确中夹岩柱受爆破荷载的动力响应机制，针对性采用安全控制爆破技术改进初步爆破方案，这是下文需要研究的内容。

6.2 后行洞Ⅱ区爆破对中夹岩柱损伤机理的有限元分析

为了分析初步爆破设计方案对中夹岩柱损伤规律，评估爆破荷载对中夹岩柱和先行洞支护结构的影响。联合使用有限元软件 HYPERMESH 和 LS-DYNA 建立先行洞支护结构与中夹岩柱受后行洞Ⅱ区爆破荷载动力响应的三维计算模型，前处理采用 HYPERMESH 程序以提高网格单元质量，计算程序则采用动力学多物理场分析程序 LS-DYNA 进行，通过计算结果分析中夹岩柱和先行洞支护结构在爆破荷载下的动力响应。

6.2.1 岩石材料本构及参数

6.2.1.1 RHT 本构模型

模型所包含的砂岩和钢筋混凝土材料采用 *MAT_RHT 本构模型，该模型通过引入弹性极限面、失效面和残余失效面这三个极限面来分别描述材料的初始屈服强度、失效强度以及残余强度的有关变化规律，既考虑了材料的大应变、高应变率和高压强的效应，同时考虑了材料的应变的硬化和软化以及应力偏量第三不变量的影响，能够描述材料从弹性阶段到损伤失效的整个过程的变化状态，广泛应用于模拟爆破荷载下岩体的动力响应以及损伤断裂的过程。从硬化阶段开始，材料额外塑性应变导致了损伤和强度的降低，损伤通过下式进行积累：

$$D = \sum \frac{\Delta \varepsilon_{pl}}{\varepsilon_p^{failure}} \tag{6-1}$$

$$\varepsilon_p^{failure} = D_1 (P^* - P_{spall}^*)^{D_2} \geq \varepsilon_f^{min} \tag{6-2}$$

式中，D_1、D_2 为损伤常数；ε_f^{min} 为最小失效应变；P^* 为单轴压缩强度归一化后的压力；P_{spall}^*为归一化层裂强度。

计算得到材料损伤 D 的结果可通过历史变量 4（history variable #4）查看。

6.2.1.2　岩石及支护材料参数

小净距隧道围岩等级为Ⅲ级，以微风化砂岩为主。先行洞支护结构包括初期支护、二次衬砌，以及先行洞路面，均采用混凝土浇筑。计算模型中所需要的岩石材料参数出自莲塘隧道地勘报告和施工方案，详见表 6-1 和表 6-2。

表 6-1　微风化砂岩的物理力学参数

密度/kg · m^{-3}	抗压强度/MPa	抗拉强度/MPa	弹性模量/GPa	泊松比
2450	47.51	3.67	8.35	0.15

表 6-2　支护结构材料的物理力学参数

混凝土	密度/kg · m^{-3}	弹性模量/GPa	泊松比
初期支护	2300	35	0.22
二次衬砌	2500	20	0.25
路面	2500	35	0.20

6.2.2　隧道单孔爆破等效荷载计算

隧道爆破是一个复杂的群孔爆破过程，爆破过程具有瞬时性、复杂性、危险性和介质多变性。在评估、预测和分析隧道爆破荷载对岩石破碎、围岩损伤、附属结构损伤和附近构建筑物的响应过程中，采用有限元软件进行数值模拟是常用的主流方法。然而，隧道爆破具有炮孔数量多、直径小、分布无规律等特点，在进行群孔爆破实体建模过程中，划分网格十分困难，计算模型往往过于复杂，常伴随计算时间过于漫长，计算结果难以收敛等问题。为提高计算效率，计算模型过程采用柱状药包等效荷载施加在炮孔内壁的方法解决群孔爆破数值模拟计算时间长、模型负体积的问题。

6.2.2.1　等效爆破荷载时程曲线

为了计算单孔爆破作用于炮孔内岩壁上的等效荷载，对爆轰波峰值、不耦合装药结构的荷载等效、荷载传递等内容进行分析。隧道爆破的炮孔装药结构，通常为轴向和径向的不耦合装药形式，柱状药包在炮孔内爆炸产生瞬时能量，作用于岩体和空气，产生的爆轰波传递到岩体形成粉碎区和破碎区，在弹性区的衰减过程产生振动波。单孔等效荷载峰值计算过程在本书 4.2.2 节进行了阐述，此处不再赘述。

关于炮孔内荷载的时程曲线，常采用双指数函数表达，通过定义指数型的时间滞后函数，求解对应系数，得到最终的荷载时程曲线。用双指数函数来表达此类时间历程，最早由 Duvall 提出，表达形式为：

$$P(t) = P_{\mathrm{H}}F(t) \tag{6-3}$$

$$F(t) = k_0(\mathrm{e}^{-\alpha t} - \mathrm{e}^{-\beta t}) \tag{6-4}$$

式中，$P(t)$为爆炸荷载压力时程函数；P_H为单孔爆破孔壁的爆破荷载峰值，由式（4-4）计算可得；α、β为衰减系数，$\beta/\alpha=1.5$；k_0为峰值修正系数。

当时间t等于爆轰压力峰值到达时间t_r时，有$P_H(t_r)=P_H$，在式（6-3）中为已知量，因此，k_0的作用为修正系数，即：$k_0(e^{-\alpha t_r}-e^{-\beta t_r})P_H=P_H$，由此可得$k_0$的表达式：

$$k_0=\frac{1}{e^{-\alpha t_r}-e^{-\beta t_r}} \tag{6-5}$$

对双指数函数式（6-5）进行求导，令其一次导数为零，则可求出爆轰压力峰值到达的时间t_r为：

$$t_r=\frac{\ln(\alpha/\beta)}{\alpha-\beta} \tag{6-6}$$

通过以上公式还无法得出α和β的解，研究表明上升时间t_r与岩石性质、单孔装药量等因素有关，可由以下经验公式获得：

$$t_r=\frac{12}{K}\sqrt{\bar{r}^{-2-\mu}}m_1^{0.05} \tag{6-7}$$

式中，t_r为上升时间，s；K为岩石体积压缩模量，10^5Pa；μ为岩石泊松比；m_1为单孔装药量，kg；$\bar{r}$为对比距离。

综合式（6-6）和式（6-7）即可求解α和β的解，可以得到等效爆破荷载时程曲线$P(t)$。

6.2.2.2 炸药参数及单孔爆破荷载时程曲线计算

现场爆破采用2号岩石乳化炸药，产品规格及物理参数见表6-3。根据上述公式计算可得基于隧道爆破炮孔装药结构特性的单孔爆炸荷载在炮孔内壁上的荷载时程曲线，如图6-3所示，本书数值模拟所需的0.45 kg、0.6 kg单孔药量荷载峰值分别为162.3 MPa和249.9 MPa。

表6-3 2号岩石乳化炸药产品规格及物理参数

药卷质量/kg·卷$^{-1}$	药卷直径/mm	药卷长度/m	密度/kg·m^{-3}	爆速/m·s^{-1}
0.3	32	0.33	1100	3200

6.2.3 计算模型及网格划分

计算模型以小净距隧道中夹岩厚度0.5 m区段实际尺寸为依据，外部尺寸为33.4 m×13.5 m×3.0 m，炮孔直径为0.04 m。利用HYPERMESH软件实现高质量网格的划分和K文件的编写，单元类型采用六面体单元Solid64，整个模型共划分单元约400万个，节点约420万个，中夹岩柱区域的网格占比约40%，最小单元尺寸精度达到0.1 cm，计算模型具体情况如图6-4所示。模型四周及背面均设

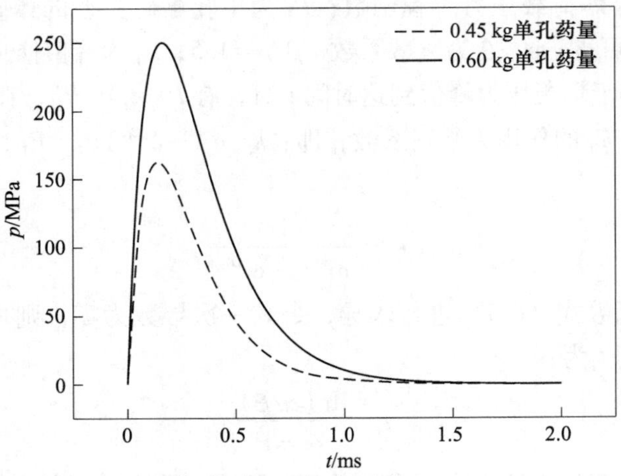

图 6-3　单孔爆破荷载时程曲线

置为无条件反射边界，利用 * BOUNDARY_NON_REFLECTING 即可定义，已开挖隧道区域为临空面，周边轮廓设置为自由边界。不同段位的单孔爆破荷载时程曲线施加在炮孔内壁上，示意图如图 6-5 所示。

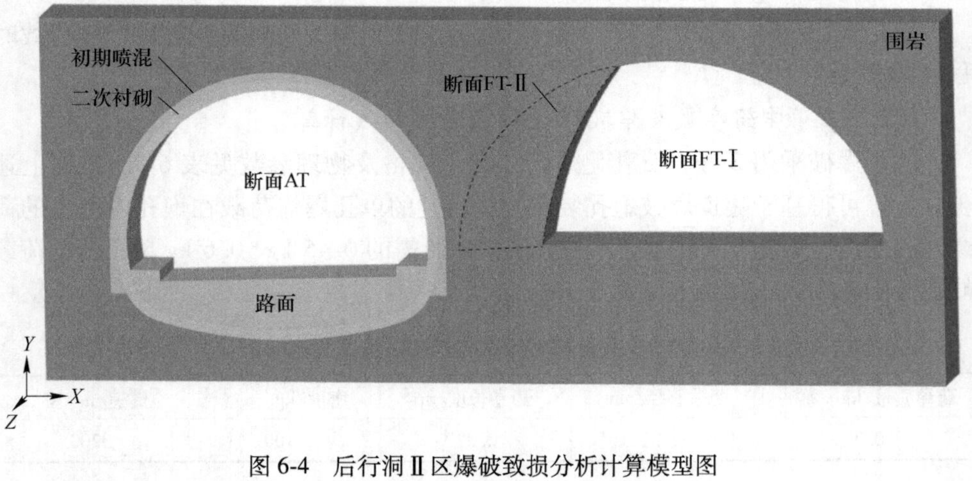

图 6-4　后行洞Ⅱ区爆破致损分析计算模型图

6.2.4　爆破荷载对中夹岩柱的损伤机理

图 6-6a～e 描述了 MS1～MS9 五个起爆段位爆破荷载导致中夹岩损伤的计算云图。从图中可以看出，中夹岩柱的最终损伤范围位于拱肩至拱腰处。其中，MS1～MS5 起爆段位爆破对中夹岩产生了少量稀疏的裂隙，爆破荷载在后行洞Ⅰ区临空面的作用下用于破碎岩石，使右侧岩层剥离后行洞Ⅱ区；随着 MS7 段爆破，靠近中夹岩柱的损伤范围逐渐增加，部分裂隙发展至先行洞支护结构；当

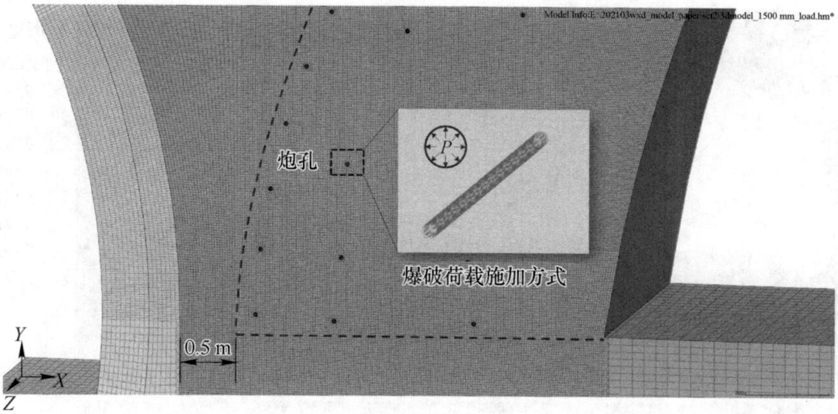

图 6-5 计算模型爆破荷载施加方式

MS9 爆破结束，中夹岩柱的损伤范围发展迅速，裂隙分布密集，并与衬砌结构连通。从计算结果可以看出，中夹岩柱的损伤主要来自于 MS9 段位炮孔爆破产生的荷载，该段位产生的裂纹贯穿小净距隧道的中夹岩柱，严重影响了中夹岩的完整性和围岩的稳定性。

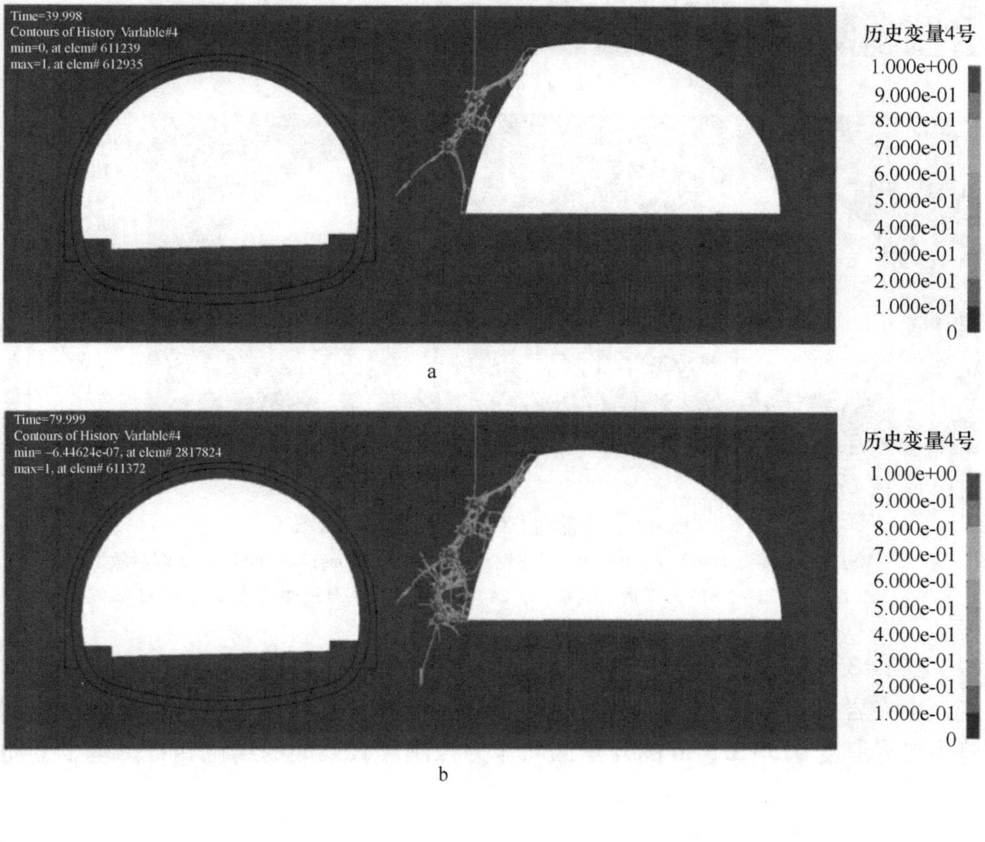

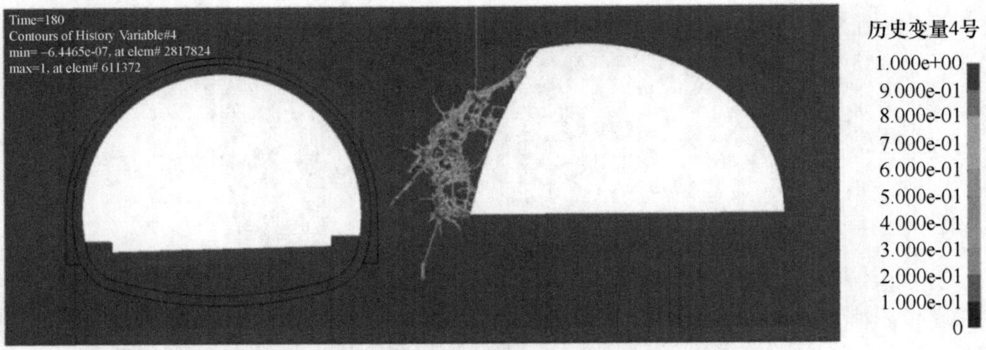

c

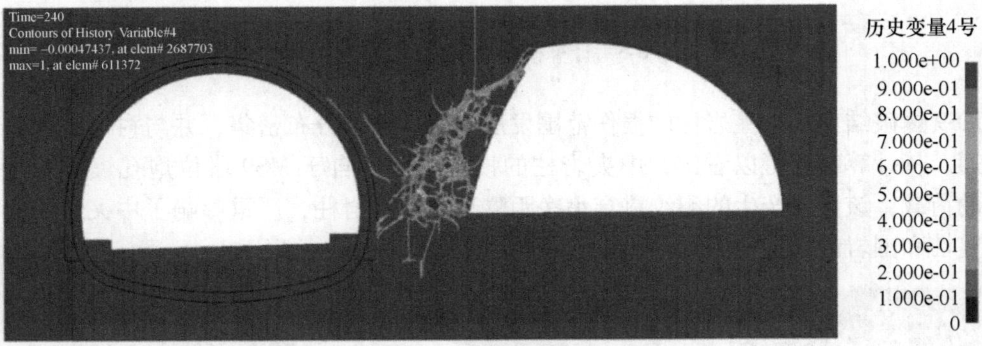

d

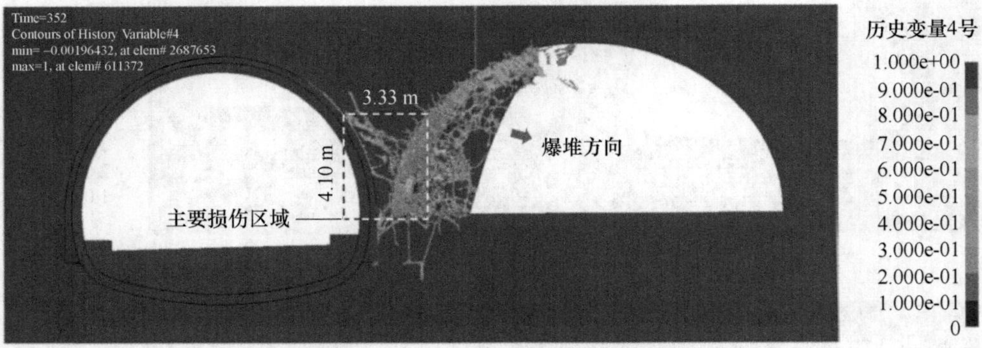

e

图 6-6　后行洞Ⅱ区爆破围岩损伤云图

a—MS1 爆后效果，$t=40$ ms；b—MS1～MS3 爆后效果，$t=80$ ms；c—MS1～MS5 爆后效果，$t=180$ ms；d—MS1～MS7 爆后效果，$t=240$ ms；e—MS1～MS9 爆后效果，$t=352$ ms

当 $t=352$ ms 时，所有段位起爆结束，爆破荷载产生的损伤范围不再发生改变，中夹岩柱主要损伤范围集中在厚度 0.5～3.33 m 区域内，这一结果与第 4 章将中夹岩厚度 0.5～3.5 m 的开挖区间作为控制爆破区间的结论相符。基于上述结果，在后行洞Ⅱ区实际爆破设计中，针对周边孔段位和药量进行优化，将后行洞Ⅱ区高度0~4.1 m区域定义为重点控制爆破区，需增加起爆段位，并减小装药系数；将中夹岩厚度大于3.33 m的区域划分为常规控制区，即后行洞Ⅱ区高度4.1~6.86 m区域，该区域损伤范围平均值为0.35 m，由此可知，0.45 kg的周边孔单孔药量满足后行洞Ⅱ区的1.5 m进尺爆破作业需求，但是会出现少量超挖。

综上，中夹岩柱的损伤主要来自于中夹岩柱裂隙分布和损伤范围集中在高度0~4.1 m、中夹岩柱宽度0.5~3.33 m区间的炮孔，爆破设计应重点关注。

6.3 后行洞Ⅱ区微震控制爆破组合技术及应用

数值模拟结果表明：后行洞Ⅱ区爆破对中夹岩柱的损伤主要来自于周边孔，尤其是高度0~4.1 m重点控制爆破区间内的炮孔。随着隧道的开挖，中夹岩柱的厚度不断变化。关键控制爆破区开挖带来了严重的挑战和风险，其中最重要的风险为中夹岩柱这一薄弱部位，一旦损伤，将导致小净距隧道围岩稳定性降低。为了避免和减小爆破荷载对中夹岩柱的破坏，联合采用多种光面爆破控制技术，包括使用电子雷管、水耦合装药、孔内分段和空孔减振等，根据不同区间内的控制要求进行针对性设计。

6.3.1 微震控制爆破组合技术的设计原理

上文研究表明爆破荷载对中夹岩柱的损伤主要来自于周边孔，常以光面爆破技术设计周边孔的装药结构。光面控制爆破技术广泛用于控制轮廓过度破坏和减少围岩损伤，通过小间距、小药量的不耦合装药结构实现。通常，以墙体光滑度、半孔痕和地面振动峰值（PPV）评估光面控制爆破效果。实际爆破过程中，影响光面爆破效果的主要因素为周边孔爆破荷载峰值和均匀性，这也是周边孔采用不耦合装药结构的原因。对于地面振动峰值的影响因素，由萨道夫斯基公式可知爆源距离和同段起爆药量为主要影响因素：

$$V = k\left(\frac{Q^{1/3}}{R}\right)^{\alpha} \tag{6-8}$$

式中，k、α 为与爆破方式、装药结构、地质条件等有关的系数；Q 为同时起爆药量，kg；R 为监测点到爆源的距离，m。

然而，延时时间、临空面数量同样影响爆破振动峰值，周边孔微震控制爆破组合技术应综合考虑多种参数的降振效果。如下式：

$$V \sim [p, Q, T, S] \tag{6-9}$$

式中，p 为单孔爆破荷载；Q 为装药量；T 为时间参数；S 为临空面状态。4个参数共同决定了爆破振动峰值的大小。

对于式（6-9）中 4 个参数，典型控制爆破技术如表 6-4 所示。其中，以水介质耦合装药作为影响孔壁爆破荷载分布（p）的控制爆破技术，减振效率约 10%；以孔内分段减少同段起爆药量（Q），减振效率大于 30%；以空孔为炮孔增加临时临空面（S）的空孔减振技术，减振效率约为 18.2%；采用电子雷管控制延期时间（T），减振效率达到 50% 以上。统计结果可知，周边孔爆破控制时间参数和药量的减振效率最高，水压爆破和孔内分段可以起到辅助作用。

表 6-4　周边孔典型控制爆破技术

参数	控制爆破方法	示意图	作用原理	减振效率
p	水耦合装药	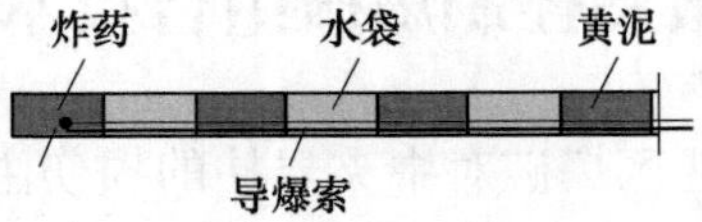	用水代替孔内空气区域，增加荷载均匀性和爆生气体	>10%
Q	孔内分段	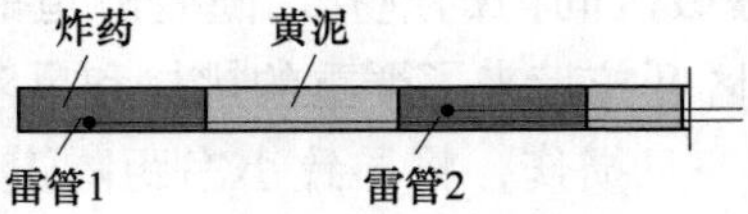	减少单孔起爆药量	>30%
T	电子雷管		灵活设置延期时间	>50%
S	空孔减振	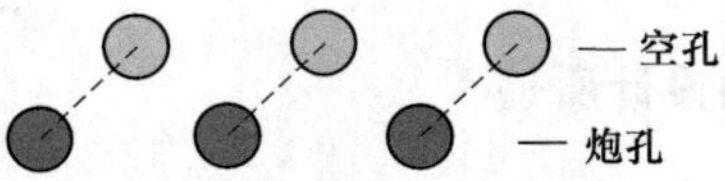	增加炮孔临时临空面	≈18.2%

6.3.2　基于微震控制爆破组合技术的后行洞Ⅱ区爆破设计

在水平方向，中夹岩柱厚度 0.5~3.5 m 的关键控制爆破区间开挖里程长度为 20.79 m，单个循环进尺为 1.5 m，共需 14 次爆破循环。该区段以电子雷管技术为联合降振爆破技术核心，孔内分段、水耦合装药、空孔减振为辅，设计后行洞Ⅱ区四种控制爆破试验方案，见表 6-5。

表 6-5　联合降振控制爆破试验方案设计

编号	试验区间	导爆管雷管	控制爆破参数			
			T	S	p	Q
方案①	1st~4th	√				
方案②	5th~8th	√	√	√		
方案③	9th~11th	√	√	√	√	
方案④	12th~14th	√	√	√	√	√

其中，方案①采用导爆管雷管，基于数值模拟结论，调整起爆段位和药量；方案②~④分别包含2~4种控制爆破参数对应的控制爆破技术。14次爆破循环采用的方案如图6-7所示。

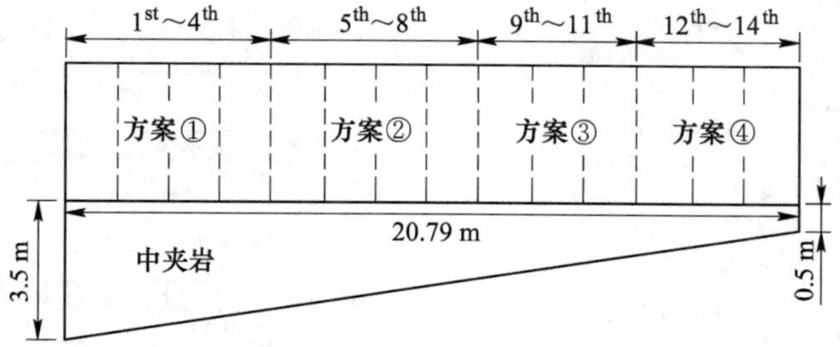

图6-7 后行洞Ⅱ区的14次爆破循环示意图

以控制爆破方案④为例进行说明，图6-8描述了方案④的爆破设计方案，描绘出五种装药结构（a）~（e），其中（a）和（b）为常规装药结构，水袋和黄泥封口；（c）为光面爆破间隔装药导爆索引爆；（d）为水袋置于底部的水耦合装药结构；（e）为孔内分段装药结构。炮孔起爆顺序为自上向下、从中夹岩远处向近处。根据中夹岩柱沿着后行洞Ⅱ区开挖轮廓面的垂直厚度，将周边孔分为两类：

（1）第一类炮孔位于后行洞Ⅱ区高度4.1~6.86 m区间内，为常规光面爆破孔。采用导爆管雷管和导爆索进行起爆设计，炮孔间距为0.6 m，每个炮孔装药量为0.3 kg，如图6-8（c）类装药结构所示。

（2）第二类炮孔位于后行洞Ⅱ区高度0~4.1 m区间内，为精确控制爆破孔。采用微震控制爆破组合技术，以电子雷管为核心，起爆方式为逐孔起爆，孔内加装水袋，减小炮孔间距至0.45 m，如图6-8装药结构（d）所示，底部4个炮孔分别设置1~2个降振空孔，孔距为0.4 m，空孔长度为炮孔长度的60%。孔底离先行洞最近的炮孔采用孔内分段，进一步严格控制振动。电子雷管时间参数在本书第3章进行了研究和叙述，此处不再赘述，计算结果得到孔间毫秒延时为5 ms、段间毫秒延时40 ms。

其他三种方案炮孔布置如图6-9~图6-11所示。其中，如图6-9所示，方案①采用常规导爆管雷管起爆，功能孔采用小药量连续装药结构，黄泥封孔，周边孔采用间隔装药、导爆索辅助起爆的典型光面爆破装药结构；方案②爆破方案如图6-10所示，将电子雷管应用到精确控制爆破孔内，替代方案①中导爆管雷管，提高起爆段位；如图6-11所示，方案③在方案②的基础上增加了减振空孔，空孔长度为炮孔长度的60%，在周边孔采用水-炸药耦合装药结构，以增加炸药爆炸爆轰波的作用空间，使产生的水楔作用利于壁面成型。

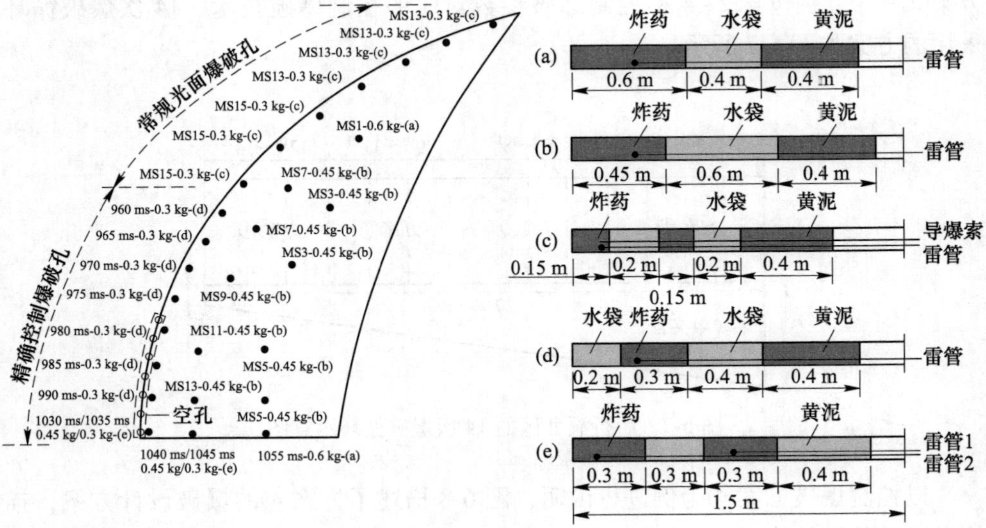

图 6-8　后行洞Ⅱ区方案④爆破设计及装药结构

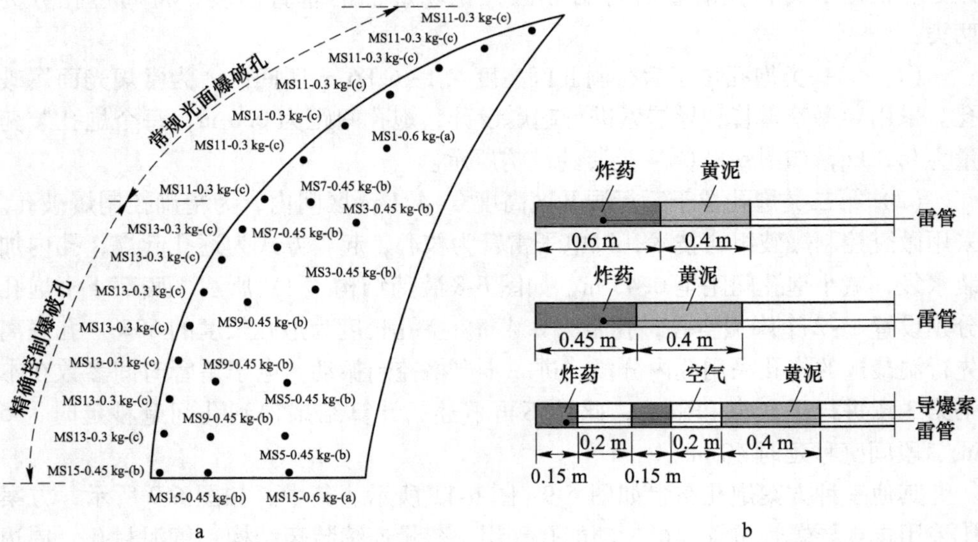

图 6-9　方案①爆破设计及装药结构

综上，后行洞Ⅱ区爆破设计是以中夹岩柱厚度为依据动态调整的过程，基于现场实测爆破振动曲线的信息反馈，调整必要的爆破参数，从而实现精确控制爆破区段的爆破安全施工。

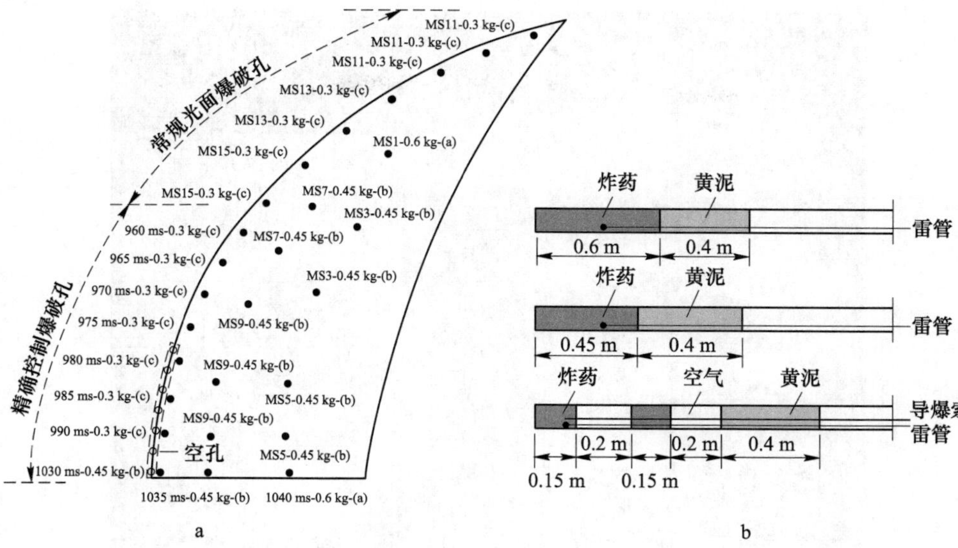

图 6-10 方案②爆破设计及装药结构

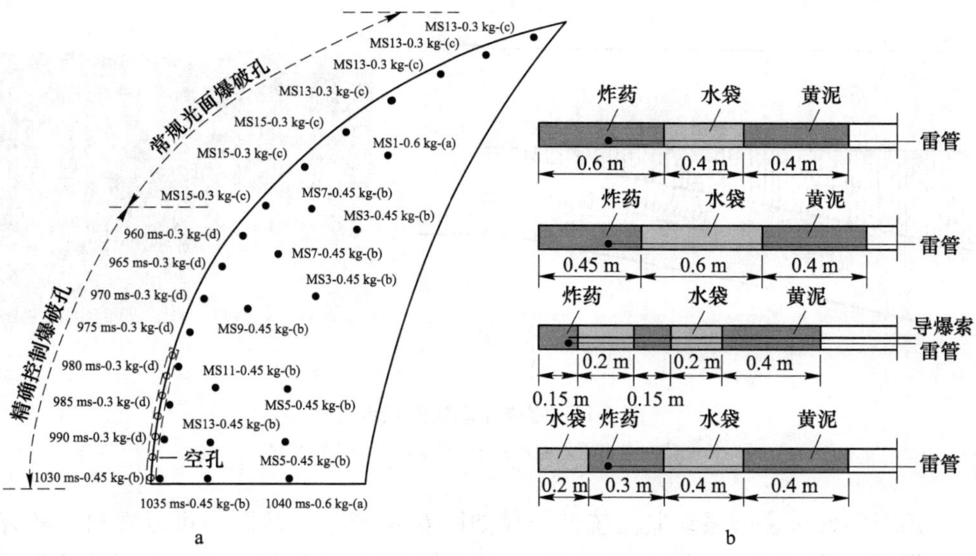

图 6-11 方案③爆破设计及装药结构

6.3.3 微震控制爆破组合技术现场试验及振动分析

图 6-12 展示了试验掌子面现场情况。试验过程中，将爆破振动监测仪布置在先行洞靠近中夹岩柱侧支护结构处，布置方式和监测仪现场放置情况如图 6-13 所示。

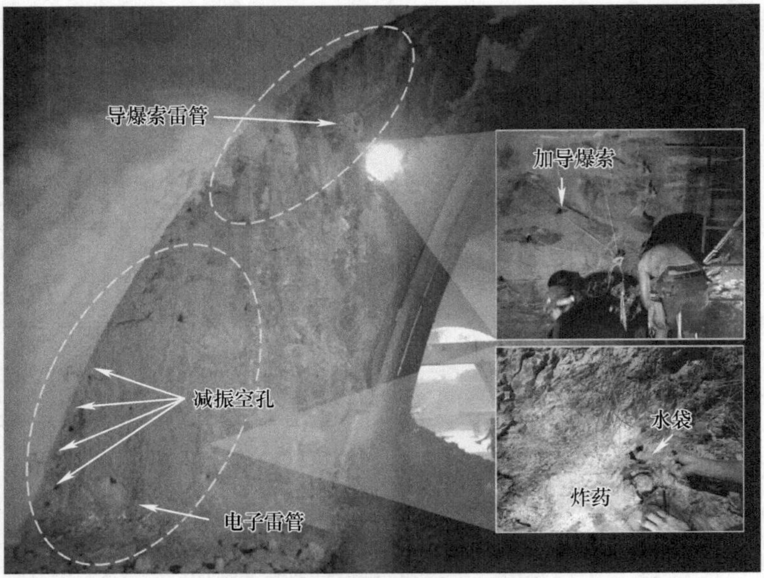

图 6-12　方案④试验现场照片

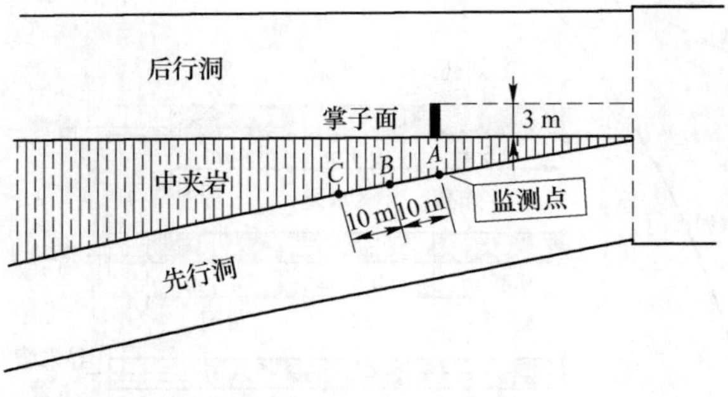

a

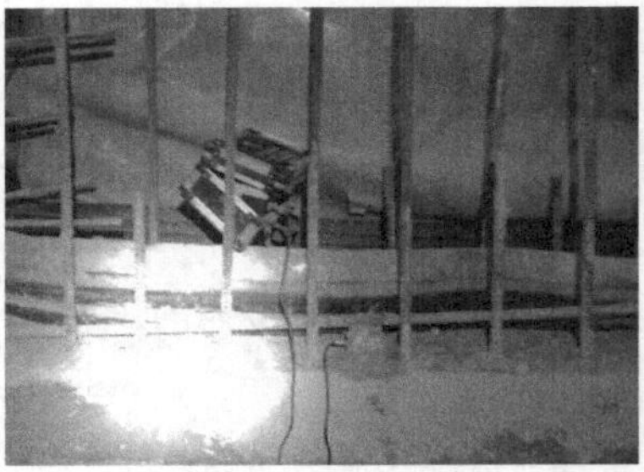

b

图 6-13　爆破振动监测点设置

a—监测点布置示意图；b—测振仪现场放置情况

后行洞Ⅱ区爆破振动监测统计结果如图 6-14 所示。从图中可以看出，随着控制爆破参数的耦合次数增加，振动峰值随之降低，单次爆破作业使用的控制爆破参数越多，降振效果越好。

从 4 个方案的平均峰值振速统计表 6-6 中可以看出，方案④降振效果最好，在监测点 A 的平均峰值振速为 1. 37 cm/s，相比常规方案降低 73. 8%。方案③与常规方案相比，在监测点 A 的平均峰值振速降低 53. 1%。由此可见，控制同段起爆药量是精细控制爆破的关键因素。从方案②的结果可以看出，电子雷管降振效果明显，是控制爆破的首要选择，与方案②中的结论一致。方案③与方案②相

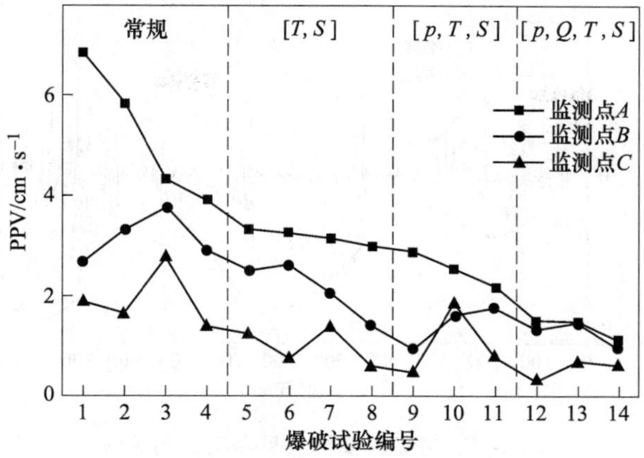

图 6-14 不同方案爆破振动峰值曲线

比，增加了水压装药结构，平均峰值振速下降 20.2%，降振效果一般，然而，在多因素耦合作用下，与表 6-4 中的降振效率相比提高了 2 倍。在方案②~④中，空孔设置在离中夹岩柱最近的区域，一方面起到控制振动的作用，另一方面起到预裂爆破的作用，整体提升了光面爆破效果。

表 6-6 三个监测点的平均峰值

编 号	峰值振动平均值		
	测点 A	测点 B	测点 C
方案①	5.235	3.168	1.918
方案②	3.183	2.153	1.000
方案③	2.543	1.437	1.027
方案④	1.373	1.257	0.540

方案④的爆破振动曲线如图 6-15 所示。从 Y 轴正负包络线可以看出，振动波形的峰值走向与方案预期的一致，远离监测点的起爆段位（MS1~MS11）产生的振动峰值控制在 1.0 cm/s 以下，振动峰值包络线趋于平稳；靠近监测点的后续起爆段位振动峰值控制在 1.5 cm/s 以下，最大峰值点处于电子雷管延时范围内，位于断面拱脚区域，与监测点直线距离小于 5 m，最终峰值振速为 1.4 cm/s。从振动曲线同样可以看出，对于爆源近区的振动控制而言，减小同段起爆药量、增加起爆范围、创造并充分利用临空面条件、分区设计炮孔装药结构等，是控制振动降低围岩损伤的关键。

图 6-16 为爆后掌子面效果，壁面半孔痕明显，基于微震控制爆破组合技术设计的炮孔所在拱脚至拱腰区域壁面光滑完整，爆堆按预测方向抛掷。

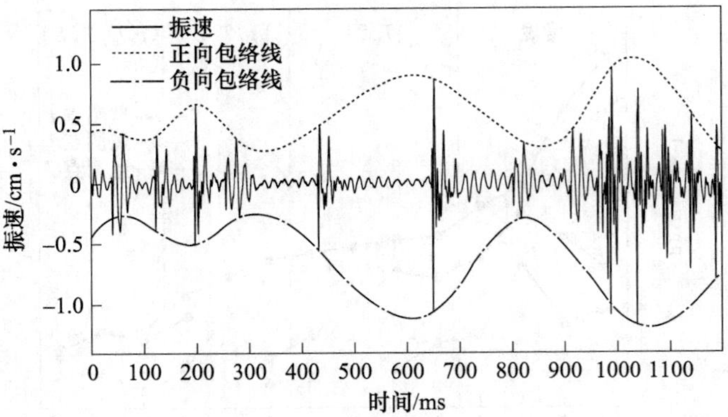

图 6-15　方案④实测典型爆破振动曲线

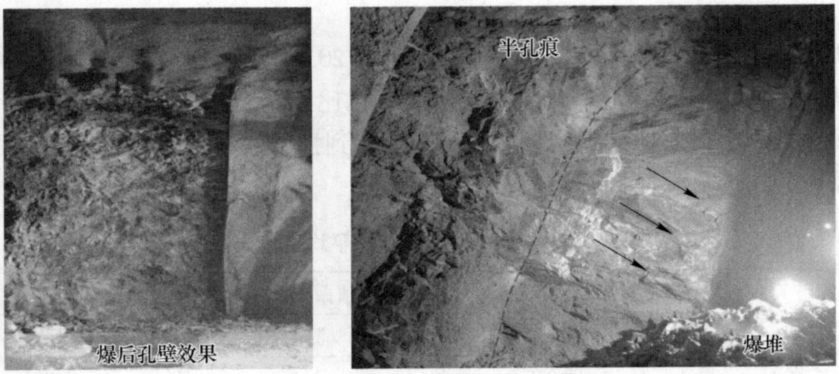

图 6-16　后行洞Ⅱ区爆破效果图

6.4　本章小结

针对与中夹岩柱直接相连的后行洞Ⅱ区（缓震层）安全爆破开挖技术问题，采用数值模拟分析了Ⅱ区爆破荷载对中夹岩柱的损伤机理，根据中夹岩柱厚度渐变特点，提出了微震控制爆破组合技术，本章具体研究结论如下所述。

（1）充分考虑非对称小净距隧道断面之间的空间距离和临空面状态，对后行洞关键区段的缓震层进行常规导爆管雷管光面爆破设计。采用 LS-DYNA 程序分析了缓震层爆破荷载对中夹岩柱的损伤机理，得到了中夹岩柱裂隙分布和损伤范围集中在高度 0~4.1 m、中夹岩柱宽度 0.5~3.33 m 区间内，将该区间设置为精确控制爆破区。

（2）针对精确控制爆破区段安全爆破技术问题，提出了微震控制爆破组合技术与参数设计方法，以时间、单孔爆破荷载、装药量、临空面数量四个控制爆破技术组合形成微震控制爆破技术，动态调整组合包含的爆破技术数量以实现不同控制区段的控制爆破要求。

（3）现场试验结果表明，微震控制爆破组合技术协同作用良好，控制变量越多，降振效果越好；联合使用电子雷管、水耦合装药结构、减振空孔和孔内分段的组合技术实践效果显著，先行洞迎爆侧振动峰值较常规爆破降低了73.8%，0.5 m中夹岩柱爆破后完整性良好，验证了组合技术的实用性。

参 考 文 献

[1] 洪开荣，冯欢欢. 近2年我国隧道及地下工程发展与思考（2019—2020年）[J]. 隧道建设（中英文），2021，41（8）：1259-1280.

[2] 中国交通运输部. 2020年交通运输行业发展统计公报 [R/OL].（2021-05-19）[2021-06-04].

[3] 张铁柱，张春宇. 国内特大断面隧道发展现状 [J]. 公路交通科技（应用技术版），2012（12）：283-286.

[4] 曲海锋. 扁平特大断面隧道修筑及研究概述 [J]. 隧道建设，2009（2）：166-171.

[5] 房倩，粟威，张顶立，等. 基于现场监测数据的隧道围岩变形特性研究 [J]. 岩石力学与工程学报，2016，35（9）：1884-1897.

[6] 蒋坤，夏才初，卞跃威. 节理岩体中双向八车道小净距隧道施工方案优化分析 [J]. 岩土力学，2012，33（3）：841-847.

[7] 中华人民共和国交通运输部. JTG/T 3660—2020 公路隧道施工技术规范 [S]. 北京：人民交通出版社，2020.

[8] 吕涛，石永强，黄诚，等. 非线性回归法求解爆破振动速度衰减公式参数 [J]. 岩土力学，2007（9）：1871-1878.

[9] 蒋树屏，林志，王少飞. 2018年中国公路隧道发展 [J]. 隧道建设（中英文），2019，39（7）：1217-1220.

[10] 张俊儒，吴洁，严丛文，等. 中国四车道及以上超大断面公路隧道修建技术的发展[J]. 中国公路学报，2020，33（1）：14-31.

[11] 田中裕治，吴晓铭. 大断面公路隧道的设计与施工：东名线改建三车道隧道采用中壁施工法 [J]. 现代隧道技术，1990（2）：14-23.

[12] 夏保祥，程崇国. 三车道大断面公路隧道研究现状综述 [J]. 地下空间，2002（4）：360-366.

[13] No S L，Noh S H，Lee S P，et al. Construction of long and large twin tube tunnel in Korea-Sapaesan tunnel [J]. Tunnelling and Underground Space Technology，2006，21（3）：393.

[14] 李文江. 大跨隧道的研究 [D]. 成都：西南交通大学，2001.

[15] 王福柱，黄鸿健. 在极浅埋偏压条件下修建车站隧道——襄渝线狗磨湾隧道出口端施工（二）[J]. 隧道建设，1993（1）：29-33.

[16] 陈中，谭成中，黄学军. 曾家坪一号隧道浅埋三线段的施工设计 [J]. 世界隧道，2000（3）：23-27.

[17] 谭光宗. 市区浅埋大跨度公路隧道施工技术 [J]. 西部探矿工程，2002，14（5）：87-88.

[18] 曹继伟. 大跨度山岭隧道围岩与支护结构稳定性的数值模拟分析 [D]. 大连：大连理工大学，2003.

[19] 黄成造，严宗雪. 龙头山双洞八车道公路隧道的设计与施工 [J]. 铁道建筑，2007（1）：52-54.

[20] 宫成兵，张武祥，杨彦民. 大断面单洞四车道龙头山公路隧道结构设计与施工方案探讨

[J]. 公路隧道，2004（4）：1-6.

[21] 廖文．城市立交隧道小净距分岔部位施工技术［J］．现代隧道技术，2006，43（4）：44-49.

[22] 王云龙，谭忠盛．浅埋大断面隧道下穿楼群施工爆破控制［J］．北京交通大学学报，2012，36（4）：19-23.

[23] 王者超，李术才，陈卫忠．分岔隧道变形监测与施工对策研究［J］．岩土力学，2007，28（4）：785-789.

[24] 张庆松，李术才，李利平，等．分岔隧道大拱段围岩稳定性监控与爆破振动效应分析［J］．岩石力学与工程学报，2008，27（7）：1462-1468.

[25] 马富奎，刘涛，李利平．浅埋大跨隧道施工力学响应模拟与监测分析［J］．岩土力学，2006，27（S1）：339-343.

[26] 刘鹏．胶州湾隧道浅埋分岔段的设计及施工关键技术［J］．隧道建设，2013，33（6）：474-480.

[27] 荆永军，樊至，欧阳刚杰，等．长沙营盘路湘江隧道分岔大跨施工技术［J］．隧道建设，2013，33（3）：231-236.

[28] 张海太，王少飞，周栋．虎跳峡分岔大断面公路隧道稳定性分析［J］．公路，2021，66（3）：342-346.

[29] 张俊儒，徐剑，龚彦峰，等．单跨5车道公路隧道工法优化及施工力学特性研究［J］．隧道建设（中英文），2021，41（5）：831-840.

[30] 曲海锋．扁平特大断面公路隧道荷载模式及应用研究［D］．上海：同济大学，2007.

[31] 杜文涛．特大断面小净距隧道支护力学特性及施工方法研究［D］．北京：北京交通大学，2017.

[32] 黄灵强．水下超大断面隧道衬砌施工新技术［J］．隧道建设，2013，33（1）：54-58.

[33] 余超，梁波，欧阳天烽．特大断面隧道爆破开挖对既有隧道振动影响分析［J］．隧道建设，2010，30（2）：151-156.

[34] 于科，石常生，亓祥成，等．浅埋小间距超大断面山岭隧道的围岩及衬砌结构力学特性研究［J］．建筑施工，2017，39（2）：269-272.

[35] 周磊生，孙会彬，孔军，等．CD 和 CRD 法施工下超大断面隧道围岩变形控制数值计算研究［J］．公路交通技术，2018，34（S1）：66-69，75.

[36] 孙智，王春河，油新华，等．复杂条件超大断面隧道围岩控制技术研究［J］．施工技术，2018，47（19）：9-12.

[37] 刘光唯，丁志亮．高速铁路超大断面隧道 CRD 施工技术［J］．铁道建筑，2010（5）：43-47.

[38] 张铁柱．四车道特大断面小净距公路隧道力学响应分析［J］．土木工程学报，2015，48（S1）：302-305.

[39] 王明年，路军富，刘大刚，等．大断面海底隧道 CRD 法绝对位移控制基准建立及应用研究［J］．岩土力学，2010，31（10）：3354-3360.

[40] 陈洁金，高超，晋婉晴，等．软弱地层大断面隧道三台阶七步法与临时仰拱法适应性分析的对比研究［J］．工程力学，2020，37（S1）：180-186.

[41] 武松，汤华，罗红星，等．浅埋大断面公路隧道渐进破坏规律与安全控制［J］．中国公路学报，2019，32（12）：205-216.
[42] 王春河，张爱军，樊祥福，等．上下台阶法和CRD法施工下超大断面隧道围岩控制机制数值试验研究［J］．公路，2018，63（5）：313-317.
[43] Lunardi P，Barla G．Full face excavation in difficult ground［J］．Geomechanik und Tunnelbau，2014，7（5）：461-468.
[44] Barla G．Full-face excavation of large tunnels in difficult conditions［J］．Journal of Rock Mechanics and Geotechnical Engineering，2016，8（3）：294-303.
[45] 李铁．大断面地铁隧道暗挖新工法的研究及应用［D］．北京：北京交通大学，2018.
[46] 周丁恒，曹力桥，曲海锋，等．不同围岩情况下特大断面公路隧道施工变形监测与控制［J］．岩石力学与工程学报，2009，28（12）：2510-2519.
[47] 吴梦军，黄伦海．四车道公路隧道动态施工力学研究［J］．岩石力学与工程学报，2006，25（S1）：3057-3062.
[48] 杨志强，方晶，刘湘林，等．基于工期目标的单跨四车道市政隧道施工优化研究［J］．现代隧道技术，2020，57（2）：184-191.
[49] 曾宏飞．软弱围岩浅埋偏压四车道公路隧道安全施工技术研究［D］．成都：西南交通大学，2015.
[50] 刘聪，李术才，周宗青，等．复杂地层超大断面隧道施工围岩力学特征模型试验［J］．岩土力学，2018，39（9）：3495-3504.
[51] 李勇，丁浩．桥隧相接条件下超大断面隧道的设计［J］．地下空间与工程学报，2006（3）：416-419.
[52] 张俊儒，吴洁，王圣涛，等．钢架岩墙组合支撑工法动态施工力学特性及其应用［J］．中国公路学报，2019，32（9）：132-142.
[53] 侯福金，孙克国，赵然，等．超大断面小净距隧道工法适用性研究［J］．土木工程学报，2017，50（S1）：111-116.
[54] 刘明高，高文学，张飞进．小净距隧道建设的关键技术及其应用研究［J］．地下空间与工程学报，2005（6）：952-955.
[55] 陆伟，陈皓，李小青．小净距隧道施工工序的数值模拟分析［J］．公路，2014，59（10）：291-296.
[56] 杜立兵，严松宏，蔡白洁．小净距空间交叉隧道台阶法施工安全性研究［J］．隧道建设，2013，33（5）：378-382.
[57] Jiang Q，Song S，Li T，et al．Study on Surrounding Rock Stability of Small Clear-Distance Twin Highway Tunnel with Eight Lanes［J］．Geotechnical and Geological Engineering，2019，37（2）：593-598.
[58] 王海龙，韦良文，雷圣偲．小净距公路隧道中岩柱对地表沉降变形规律研究［J］．隧道建设（中英文），2021，41（S1）：216-222.
[59] 罗孔祥兴，夏才初，仇玉良，等．平行小净距盾构与CRD法黄土地铁隧道施工力学研究［J］．岩土力学，2011，32（2）：516-524.
[60] 李扬．重庆某浅埋偏压隧道CRD法开挖顺序优化及围岩变形研究［D］．昆明：昆明理工

大学，2021.
[61] 吴德兴，李伟平，谢宝超，等．陡坡偏压小净距隧道施工扰动空间效应研究［J］．铁道科学与工程学报，2016，13（5）：906-913.
[62] 刘传阳，杨年华，崔晋中，等．隧道分岔段爆破掘进技术研究［J］．铁道工程学报，2021，38（7）：54-59.
[63] 丁睿．小净距隧道建设关键技术［M］．西安：西安交通大学出版社，2020：120.
[64] 胡云鹏．大跨度小净距分岔隧道双向施工关键技术研究［J］．铁道建筑技术，2018（12）：77-80.
[65] 闫自海，章立峰，路军富，等．城市地下立交隧道交叉口施工方法研究［J］．现代隧道技术，2019，56（1）：176-184.
[66] 张富鹏，雷胜友，杨瑞，等．超小净距分岔式隧道施工方法数值模拟研究［J］．中国科技论文，2019，14（2）：157-163.
[67] 何珺．非对称小净距隧道施工力学行为研究［D］．北京：北京交通大学，2018.
[68] 周丁恒，曹力桥，马永峰，等．四车道特大断面大跨度隧道施工中支护体系力学性态研究［J］．岩石力学与工程学报，2010，29（1）：140-148.
[69] 孙钧，侯学渊．地下结构（上册）［M］．北京：科学出版社，1987.
[70] 朱合华，曲海锋，蔡永昌，等．大断面公路隧道的过程设计方法研究［J］．岩石力学与工程学报，2011，30（S2）：3450-3456.
[71] 王松周，傅鹤林，曹琦，等．基于卸荷减跨机理的大跨度隧道开挖优化［J］．铁道科学与工程学报，2012，9（1）：79-83.
[72] 李利平，李术才，赵勇，等．超大断面隧道软弱破碎围岩空间变形机制与荷载释放演化规律［J］．岩石力学与工程学报，2012，31（10）：2109-2118.
[73] 李松涛，谭忠盛，杜文涛．特大断面小净距公路隧道力学效应分析［J］．土木工程学报，2017，50（S2）：292-296.
[74] 曹智淋，谢强，宋战平，等．卸荷作用对超大断面隧道围岩压力的影响［J］．岩石力学与工程学报，2020，39（S1）：2882-2891.
[75] 聂建春，郑文博，袁成海．不同偏压大断面浅埋隧道施工力学分析及优化［J］．隧道建设，2012，32（3）：315-322.
[76] 杨德升．复杂条件下大断面小净距隧道施工方法及荷载分布力学机制研究［D］．长沙：中南大学，2011.
[77] 阳生权．小线间距施工隧道爆破地震影响下既有隧道围岩线性动力分析［J］．工程爆破，1998，4（1）：1-6.
[78] 刘慧．近距侧爆情况下马蹄形隧道动态响应特点的研究［J］．爆炸与冲击，2000，20（2）：175-181.
[79] 彭道富，李忠献，杨年华．近距离爆破对既有隧道的振动影响［J］．中国铁道科学，2005，26（4）：75-78.
[80] 赵晓，高志华，李鹏，等．爆破开挖作用下 HD 工程地下洞室围岩动力响应特性研究［J］．爆破，2014，31（1）：55-59.
[81] 李宁，张承客，周钟．边坡爆破开挖对邻近已有洞室影响研究［J］．岩石力学与工程学

报，2012，31（A02）：3471-3477.

[82] 刘康．爆炸载荷下邻近巷道围岩裂纹演化机理研究［D］．北京：中国矿业大学（北京），2018.

[83] Xia X，Li H B，Li J C，et al. A case study on rock damage prediction and control method for underground tunnels subjected to adjacent excavation blasting［J］. Tunnelling and Underground Space Technology，2013，35（4）：1-7.

[84] 曹峰，凌同华，李洁，等．循环爆破荷载作用下小净距隧道中夹岩的累积损伤特征分析［J］．振动与冲击，2018，37（23）：141-148.

[85] 张国华，陈礼彪，钱师雄，等．大断面小净距大帽山隧道现场监控量测及分析［J］．岩土力学，2010，31（2）：489-496.

[86] 张国华．基于围岩累积损伤效应的大断面隧道施工参数优化研究［D］．武汉：中国科学院研究生院（武汉岩土力学研究所），2010.

[87] Song S，Li S，Li L，et al. Model test study on vibration blasting of large cross-section tunnel with small clearance in horizontal stratified surrounding rock［J］. Tunnelling and Underground Space Technology，2019，92：103013.

[88] 石洪超．层状围岩小净距隧道掘进爆破振动效应及围岩稳定性研究［D］．成都：西南交通大学，2017.

[89] 李强．BP 神经网络在工程岩体质量分级中的应用研究［J］．西北地震学报，2002（3）：29-33.

[90] 曾开华，鞠海燕，张常光．深埋圆形隧道弹塑性位移统一解及其比较分析［J］．岩土力学，2011，32（5）：1315-1319.

[91] 徐军，郑颖人．隧道围岩弹塑性随机有限元分析及可靠度计算［J］．岩土力学，2003（1）：70-74.

[92] 朱杰兵，邬爱清，黄正加，等．四渡河特大悬索桥隧道锚模型拉拔试验研究［J］．长江科学院院报，2006（4）：51-55.

[93] 徐万鹏．隧道位移监测新方法的可行性探索［J］．铁道工程学报，2000（2）：65-68.

[94] 龚建伍，夏才初，朱合华，等．鹤上大断面小净距隧道施工方案优化分析［J］．岩土力学，2009，30（1）：236-240.

[95] 李术才，王汉鹏，郑学芬．分岔隧道稳定性分析及施工优化研究［J］．岩石力学与工程学报，2008（3）：447-457.

[96] 唐陶文，傅鹤林，张加兵，等．分岔隧道中夹岩柱围岩应力及最小厚度研究［J］．铁道科学与工程学报，2016，13（8）：1578-1584.

[97] Wang Q，Xin Z X，Jiang B，et al. Comparative experimental study on mechanical mechanism of combined arches in large section tunnels［J］. Tunnelling and Underground Space Technology，2020，99：103386.

[98] 万利，王春河，王琦，等．超大断面隧道软弱围岩控制机制及应用［J］．山东大学学报：工学版，2017，47（1）：59-67.

[99] 黄成造，严宗雪，张晓荣．某公路隧道破碎围岩塌方段处理及对拉锚杆的应用［J］．地下空间与工程学报，2007，3（5）：923-927.

[100] 万明富，郝哲，刘剑平，等．超大跨公路隧道开挖与支护稳定性分析［J］．辽宁工程技术大学学报，2007，26（1）：71-73.

[101] 蒋坤，夏才初．双向八车道小净距公路隧道监控量测分析［J］．岩石力学与工程学报，2010，29（S2）：3755-3761.

[102] Basebi T, Thomas R M. A study of moving mesh methods applied to a thin flame propagating in a detonator delay element [J]. Computers and Mathematics with Applications, 2003, 45 (1): 131-163.

[103] Silva J, Li L, Gernand J M. Reliability analysis for mine blast performance based on delay type and firing time [J]. International Journal of Mining Science and Technology, 2018, 28 (2): 195-204.

[104] Qiu X, Shi X, Gou Y, et al. Short-delay blasting with single free surface: Results of experimental tests [J]. Tunnelling and Underground Space Technology, 2018, 74: 119-130.

[105] 李顺波，杨军，陈浦，等．精确延时控制爆破振动的实验研究［J］．爆炸与冲击，2013，33（5）：513-518.

[106] 薛里，刘世波．电子雷管起爆的降振原理及工程应用［J］．铁道建筑，2015（1）：43-47.

[107] 田振农，孟祥栋，王国欣．城区隧道电子雷管起爆错相减震机理分析［J］．振动与冲击，2012（21）：108-111.

[108] Dowding C H. Blast vibration monitoring and control [M]. USA: Nortnwestern University, 1985.

[109] 康永全，孟海利，薛里，等．浅埋隧道爆破施工电子雷管降振延时时间的分析［J］．铁道建筑，2016（1）：38-42.

[110] 李清，于强，张迪，等．地铁隧道精确控制爆破延期时间优选及应用［J］．振动与冲击，2018（13）：135-140.

[111] 傅洪贤，沈周，赵勇，等．隧道电子雷管爆破降振技术试验研究［J］．岩石力学与工程学报，2012（3）：597-603.

[112] 傅洪贤，孔恒，吴进科．复杂环境下隧道爆破施工控制技术［J］．土木工程学报，2017，50（S2）：286-291.

[113] 李东涛，颜景龙，姚浩辉，等．电子雷管在铁路隧道减振爆破中的应用［J］．工程爆破，2013（Z1）：108-111.

[114] 罗福友．城市爆破中电子雷管与导爆管雷管的应用对比［J］．火工品，2017（2）：57-60.

[115] 付天光．逐孔起爆技术应用基础研究［D］．吉林：辽宁工程技术大学，2010.

[116] 汪海波，彭恒，宗琦．某煤矿岩巷不同爆破方式振动特性研究［J］．地下空间与工程学报，2018，14（2）：546-551.

[117] 于江浩，宋子岭．逐孔起爆技术在露天煤矿深孔爆破中的应用［J］．辽宁工程技术大学学报（自然科学版），2015，34（4）：438-441.

[118] 张建华，夏岸雄，王涛，等．逐孔起爆爆破效果的模糊综合评价［J］．爆破，2013，

30 (4): 83-86.

[119] 房泽法，陈宝心，叶海旺. 导爆管雷管孔内外微差爆破网络的研究 [J]. 武汉理工大学学报，2001 (7): 73-76.

[120] 房泽法. 单孔单响爆破网络的研究 [J]. 矿冶工程，2002 (2): 34-36.

[121] 房泽法，叶海旺. 单孔单响爆破网络在路基拓宽中的应用 [J]. 岩石力学与工程学报，2002 (7): 1079-1083.

[122] 薛里，孟海利. 电子-导爆管雷管混合起爆网路在隧道爆破中的应用 [J]. 铁道建筑，2016 (3): 70-74.

[123] 田炳坤. 混合起爆网路技术在深圳地铁 11 号线隧道开挖中的应用试验研究 [J]. 铁道建筑，2015 (6): 78-82.

[124] 杨年华，张志毅. 隧道爆破振动控制技术研究 [J]. 铁道工程学报，2010，27 (1): 82-86.

[125] 李地元，王涛. 浅埋隧道爆破施工对地表建筑物安全的试验和数值分析 [J]. 中国安全生产科学技术，2015，11 (11): 112-117.

[126] 杨仁树，车玉龙，冯栋凯，等. 切缝药包预裂爆破减振技术试验研究 [J]. 振动与冲击，2014，33 (12): 7-14.

[127] 兰朝荣，邱琼. 综合减震控制技术在隧道下穿高危建筑物过程中的应用 [J]. 工程建设，2012，44 (3): 46-49.

[128] Shin J, Moon H, Chae S. Effect of blast-induced vibration on existing tunnels in soft rocks [J]. Tunnelling and Underground Space Technology, 2011, 26 (1): 51-61.

[129] 刘建伟，卢致强，张望，等. 陡倾岩层双洞四线暗挖车站结构设计研究 [J]. 铁道工程学报，2016，33 (9): 113-117.

[130] 张国军，张勇. 基于摩尔-库伦准则的岩石材料加 (卸) 载分区破坏特征 [J]. 煤炭学报，2019，44 (4): 1049-1058.

[131] 郑罗斌. 硬性结构面三维形貌量化及其与抗剪强度相关性研究 [D]. 成都：成都理工大学，2017.

[132] 凌同华，李夕兵. 基于小波变换的时-能分布确定微差爆破的实际延迟时间 [J]. 岩石力学与工程学报，2004 (13): 2266-2270.

[133] Cardu M, Giraudi A, Oreste P. A review of the benefits of electronic detonators [J]. Rem: Revista Escola de Minas, 2013, 66 (3): 375-382.

[134] Qiu X, Shi X, Gou Y, et al. Short-delay blasting with single free surface: Results of experimental tests [J]. Tunnelling and Underground Space Technology, 2018, 74: 119-130.

[135] 颜景龙. 中国电子雷管技术与应用 [J]. 中国工程科学，2015，17 (1): 36-41.

[136] 张维明，肖柳，卜俊锐，等. 月亮山隧道爆破减震试验研究 [J]. 爆破，2016，33 (2): 23-27.

[137] 杨仁树，车玉龙，孙强，等. 城市地铁电子雷管爆破降振技术试验研究 [J]. 岩石力学与工程学报，2014，33 (Z2): 3741-3749.

[138] 龚敏，石发才，吴晓东. 基于叠加和频谱分析的电子雷管延期时间研究 [J]. 振动与冲击，2019，38 (15): 134-141.

[139] Iwano K, Hashiba K, Nagae J, et al. Reduction of tunnel blasting induced ground vibrations using advanced electronic detonators [J]. Tunnelling and Underground Space Technology, 2020, 105: 103556.

[140] Anderson D, Ritter A, Winzer S, et al.. A method for site-specific prediction and control of ground vibration from blasting [C]//In: Proceeding of the 11th ISEE Annual Conference of Explosives and Blasting Techniques, USA. 1985: 28-42.

[141] Hinzen K. Modelling of blast vibrations [J]. International Journal of Rock Mechanics and Mining Sciences. 1988, 25 (6): 439-445.

[142] Blair D P. Non-linear superposition models of blast vibration [J]. International Journal of Rock Mechanics & Mining Sciences, 2008, 45 (2): 235-247.

[143] 吴昊骏，龚敏．基于雷管实际延时范围的逐孔爆破振动合成计算与应用 [J]. 爆炸与冲击，2019，39 (2)：151-161.

[144] 刘翔宇，龚敏，吴昊骏，等．多因素耦合影响下隧道电子雷管爆破参数的计算与实践 [J]. 振动与冲击，2021，40 (5)：24-32.

[145] Reamer S K, Hinzen K G, Stump B W. Near-source characterization of the seismic wavefield radiated from quarry blasts [J]. Geophysical Journal International, 1992, 110 (3): 435-450.

[146] 李夕兵，凌同华，张义平．爆破震动信号分析理论与技术 [M]. 北京：科学出版社，2007：76-77.

[147] 凌同华，李夕兵．多段微差爆破振动信号频带能量分布特征的小波包分析 [J]. 岩石力学与工程学报，2005 (7)：1117-1122.

[148] Charles L, John M, Eve A. 信号、系统和变换 [M]. 4 版．北京：机械工业出版社，2009：176-177.

[149] 龚敏，吴昊骏．隧道爆破现场高速图像采集与精确控制爆破参数研究 [J]. 爆炸与冲击，2019，39 (5)：3-12.

[150] 方宁，杨成和，孙俊鹏，等．超小净距隧道单双层预裂爆破振动研究 [J]. 铁道建筑，2015 (7)：58-60.

[151] 林从谋，陈礼彪，蒋丽丽，等．高速公路扩建大断面特小净距隧道爆破稳定控制技术研究 [J]. 岩石力学与工程学报，2010，29 (7)：1371-1378.

[152] 张守中．爆炸与冲击动力学 [M]. 北京：兵器工业出版社，1993：46.

[153] 亨利奇 J. 爆炸动力学及其应用 [M]. 熊建国，译．北京：科学出版社，1987：239-252.

[154] 陈士海，王明洋，赵跃堂，等．岩石爆破破坏界面上的应力时程研究 [J]. 岩石力学与工程学报，2003 (11)：1784-1788.

[155] 戴俊．柱状装药爆破的岩石压碎圈与裂隙圈计算 [J]. 辽宁工程技术大学学报（自然科学版），2001 (2)：144-147.

[156] 钮强．岩石爆破机理 [M]. 北京：中国建筑工业出版社，1990：18.

[157] 钱七虎．岩石爆炸动力学的若干进展 [J]. 岩石力学与工程学报，2009，28 (10)：1945-1968.

[158] 凌天龙．长城站开挖围岩爆破损伤与累积效应研究［D］．北京：中国矿业大学（北京），2019.

[159] Luo Y，Chen J，Gao S，et al. Stability analysis of super-large-section tunnel in loess ground considering water infiltration caused by irrigation［J］. Environmental Earth Sciences，2017，76（22）：763.

[160] 陈子荫．围岩力学分析中的解析方法［M］．北京：煤炭工业出版社，1994：43.

[161] 张路青，吕爱钟．双孔圆形洞室围岩应力分析的交替法研究［J］．岩石力学与工程学报，1998（5）：3-5.

[162] 闫春岭，丁德馨，毕忠伟，等．深埋隧道围岩稳定性的粘弹性力学分析［J］．贵州工业大学学报（自然科学版），2005，34（3）：125-129.

[163] Lu A，Zhang N，Qin Y. Analytical solutions for the stress of a lined non-circular tunnel under full-slip contact conditions［J］. International Journal of Rock Mechanics and Mining Sciences，2015，79：183-192.

[164] Zhang Z，Huang M，Xi X，et al. Complex Variable Solutions for Soil and Liner Deformation due to Tunneling in Clays［J］. International Journal of Geomechanics，2018，18（7）：4018071-4018074.

[165] 汪旭光．爆破手册［M］．北京：冶金工业出版社，2010：498-499.

[166] 吴张中，徐光黎，吴立，等．超大断面隧道侧向扩挖施工围岩力学特征研究［J］．岩土工程学报，2009，31（2）：172-177.

[167] 吕爱钟，张路青．地下隧洞力学分析的复变函数方法［M］．北京：科学出版社，2007：115-120.

[168] 国家安全生产监督管理局．GB 6722—2014 爆破安全规程［S］．北京：中国标准出版社．2014.

[169] 张程红．邻近隧道爆破施工引起的既有隧道衬砌振动速度阈值分析［D］．兰州：兰州交通大学，2009.

[170] 郗庆桃．梧桐山隧道爆破震动控制技术措施［J］．世界隧道，1999（4）：45-53.

[171] 吴从师，黎高辉，郭云开，等．悬索桥锚碇隧道爆破开挖的围岩累积振动效应研究［J］．岩石力学与工程学报，2009，28（7）：1499-1505.

[172] 孙宝全．小洋山隧道爆破振动监测技术［J］．铁道建筑，2006（1）：46-48.

[173] 戴向胜．长距离小净距隧道爆破开挖振动标准的研究［D］．北京：北京交通大学，2008.

[174] 张庆军．武隆小净距隧道掘进控制爆破技术及其应用［D］．成都：西南交通大学，2006.

[175] 史雅语，刘慧．招宝山超小净距隧道开挖爆破技术［J］．工程爆破，1997（4）：31-36.

[176] Mishra A K，Nigam Y K，Singh D R. Controlled blasting in a limestone mine using electronic detonators：A case study［J］. Journal of the Geological Society of India，2017，89（1）：87-90.

[177] 明悦，魏兴，邬艳礼，等．东联 2 号路路堑开挖控制爆破技术［J］．爆破，2012，29（2）：60-62.

[178] 高文学，杨军，肖鹏飞，等．基于精确延期的深孔控制爆破技术［J］．煤炭学报，2011，36（S2）：386-390.

[179] 周宜，王海亮，张祖远，等．城市浅埋隧道下穿建筑物的微振动爆破技术研究［J］．隧道建设，2015，35（1）：89-93.

[180] 郭华杰，袁绍国．电子雷管在地铁隧道爆破降振中的应用［J］．工程爆破．2016，22（1）：56-60.

[181] 钟冬望．临近边坡精确延时控制爆破及振动分析［M］．北京：科学出版社，2016：70-71.

[182] 龚敏，陈哲，吴昊骏，等．掏槽药量与起爆时差的关系对隧道爆破合成振速的影响［J］．应用基础与工程科学学报，2016，24（6）：1110-1124.

[183] Fu H X，Wong L N Y，Zhao Y，et al. Comparison of excavation damage zones resulting from blasting with nonel detonators and blasting with electronic detonators［J］. Rock Mechanics and Rock Engineering，2014，47（2）：809-816.

[184] 钟冬望，杨军，高文学，等．非电起爆系统可靠性分析与计算［J］．工程爆破，1999，5（1）：71-75.

[185] Hayhurst C J，Hiermaier S J，Clegg R A，et al. Development of material models for Nextel and Kevlar-epoxy for high pressures and strain rates［J］. International Journal of Impact Engineering，1999，23（1）：365-376.

[186] Livermore software technology corporate. LS-DYNA keyword user' manual［M］. california. U. S. A. 2020：1744.

[187] 王先前，黄亚兵，彭立敏，等．隧道爆破全时程荷载研究及其应用［J］．铁道科学与工程学报，2019，16（1）：144-151.

[188] 杨建华，吴泽南，蒋水华，等．深埋隧洞爆破开挖地应力瞬态卸荷诱发围岩振动控制方法研究［J］．岩石力学与工程学报，2018，37（12）：2751-2761.

[189] Duvall W I. Strain-wave shapes in rock near explosions［J］. Geophysics，1953，18（2）：310-323.

[190] Ma G W，An X M. Numerical simulation of blasting-induced rock fractures［J］. International Journal of Rock Mechanics and Mining Sciences. 2008，45（6）：966-975.

[191] 王文龙．钻眼爆破［M］．北京：煤炭工业出版社，1984：183.

[192] Sharafat A，Tanoli W A，Raptis G，et al. Controlled blasting in underground construction：A case study of a tunnel plug demolition in the Neelum Jhelum hydroelectric project［J］. Tunnelling and Underground Space Technology，2019，93：103098.

[193] Xia W，Lu W，Li R，et al. Effect of Water-Decked Blasting on Rock Fragmentation Energy［J］. Shock and Vibration，2020，2020：1-11.

[194] 师百垒，戴俊，武宇，等．隧道无掏槽齐发崩落爆破应用研究［J］．公路，2016，61（11）：261-265.

[195] Li M，Zhu Z，Liu R，et al. Study of the effect of empty holes on propagating cracks under blasting loads［J］. International Journal of Rock Mechanics and Mining Sciences，2018，103：186-194.

[78] [illegible] [J]. [illegible], 2014, [illegible]: 586-590.

[79] [illegible] [J]. [illegible], 2015, [illegible].

[80] [illegible] [J]. [illegible], 2016, [illegible]: 56-59.

[81] [illegible] [J]. [illegible], 2016, [illegible].

[82] [illegible] [J]. [illegible], 2016, 24 (5): 1143-1149.

[83] Yang R S, Wang Y B, Zhou J, et al. Comparison of [illegible] [illegible] blasting with [illegible] [J]. Rock Mechanics and Rock Engineering, 201[illegible], [illegible].

[84] [illegible] [J]. [illegible], 19[illegible], [illegible].

[85] [illegible] [illegible] [illegible], et al. Development of [illegible] for [illegible] and Kocar [illegible] for high pressure and strain rate [J]. International Journal of Impact Engineering, 199[illegible], [illegible]: [illegible].

[86] [illegible] [illegible] LS-DYNA keyword user's manual [M]. [illegible] [illegible], 20[illegible].

[87] [illegible] [J]. [illegible], 2019, [illegible]: 1-6.

[88] [illegible] [J]. [illegible], 2018, [illegible].

[89] [illegible] [illegible] [J]. [illegible], 19[illegible], [illegible].

[90] [illegible] [illegible] numerical simulation [illegible] [J]. International Journal of Rock Mechanics and Mining Sciences, 20[illegible], [illegible]: 706-715.

[91] [illegible] [M]. [illegible], 19[illegible].

[92] [illegible] [illegible] controlled [illegible] [J]. Tunnelling and Underground Space Technology, 2019, 93: 103098.

[93] [illegible] [illegible], et al. [illegible] [J]. Shock and Vibration, 2020, 2020: [illegible].

[94] [illegible] [J]. [illegible], 2016, [illegible] (10): 28-33.

[95] [illegible] M, Zhang [illegible], et al. Study of the effect of [illegible] [illegible] [J]. International Journal of Rock Mechanics and Mining Sciences, 201[illegible], [illegible]: 183-190.